智慧家长这样做 ❶

直击痛点的40问

戴东 著

民主与建设出版社
·北京·

© 民主与建设出版社，2022

图书在版编目（CIP）数据

智慧家长这样做 . 1，直击痛点的 40 问 / 戴东著 . -- 北京：民主与建设出版社，2022.4（2024.8 重印）
ISBN 978-7-5139-3819-8

Ⅰ . ①智… Ⅱ . ①戴… Ⅲ . ①家庭教育 Ⅳ . ① G78

中国版本图书馆 CIP 数据核字（2022）第 067435 号

智慧家长这样做 . 1：直击痛点的 40 问
ZHIHUI JIAZHANG ZHEYANGZUO 1: ZHIJI TONGDIAN DE 40 WEN

著　　者	戴　东
责任编辑	刘　芳
封面设计	新艺书文化
出版发行	民主与建设出版社有限责任公司
电　　话	（010）59417747　59419778
社　　址	北京市海淀区西三环中路 10 号望海楼 E 座 7 层
邮　　编	100142
印　　刷	北京晨旭印刷厂
版　　次	2022 年 4 月第 1 版
印　　次	2024 年 8 月第 2 次印刷
开　　本	787 毫米 ×1092 毫米　1/16
印　　张	14
字　　数	137 千字
书　　号	ISBN 978-7-5139-3819-8
定　　价	58.00 元

注：如有印、装质量问题，请与出版社联系。

前 言

你是一个合格的家长吗

很多家长每天起得很早,给孩子准备早饭,等孩子吃完饭,要送孩子上学;到了晚上,他们还要放弃休闲娱乐,陪孩子读书。他们可谓是这个世界上最辛苦的家长。

家长做了这么多,目的是让孩子能够养成良好的品格,获得出众的成绩和较强的能力,长大后能够出人头地、功成名就。可是很多孩子走向了反面,他们任性、说谎、懒惰、逃学、花钱大手大脚，甚至整日沉迷在网络世界中……这样的结果令家长头痛不已，他们怎么也想不到自己为孩子付出了那么多，孩子根本不领情，甚至朝着与自己的预期相反的方向越走越远。问题出在哪里？往往出在家长不合格。他们要么只养不教，要么没有给孩子实施正确的家庭教育。

网上（在家长圈子里）流传着这样一份家庭教育调查问卷，据此，你可以判断自己是不是一个合格的家长。

家庭教育调查问卷

每个问题只需回答"是"与"否"。

1. 当众批评孩子；

2. 很少表扬孩子；

3. 常把孩子和别人做比较；

4. 用自己年轻时的经历对孩子说教；

5. 总对孩子说自己的付出全是为了他；

6. 把教育孩子的希望寄托在学校教育上；

7. 常以自己的标准给孩子定目标；

8. 把物质刺激当成激励孩子的重要方法；

9. 对孩子不闻不问；

10. 对孩子的事什么都想知道；

11. 不习惯鼓励孩子；

12. 经常斥责孩子；

13. 在教育孩子方面父母意见不统一；

14. 父母常在孩子面前吵架；

15. 家长没有明确的生活目标；

16. 家长的情绪跟着孩子的分数走；

17. 认为满足了孩子的物质需求，孩子就应该努力学习；

18. 认为孩子能听懂道理，却故意不去做；

19. 认为孩子的学习成绩与家长的文化水平有必然联系；

20. 认为无微不至的照顾就是关心孩子；

21. 相信各种速成班；

22. 认为孩子学习时必须有人看着；

23. 教孩子要守规矩，自己却不能身体力行；

24. 认为孩子不用做家务；

25. 限制孩子玩，自己却经常出去玩；

26. 时常打骂孩子；

27. 常在孩子面前评说别人的长短；

28. 常说"你怎么这么笨";

29. 让孩子认为学习是痛苦的;

30. 常对孩子说"只要你好好学习,什么条件都答应你";

31. 认为学习成绩取决于孩子的智力水平;

32. 当孩子说了一件让他得意的事,家长却告诫他别骄傲;

33. 孩子在学习上一点儿不着急,家长却急得团团转;

34. 老是向孩子灌输"苦学"的观念;

35. 认为自己该做的事都做了,好坏就看孩子了;

36. 认为孩子将来的命运是他自己造成的;

37. 认为孩子对老师有抵触情绪,家长帮不上什么忙;

38. 认为人的性格是不可改变的;

39. 认为只要是早恋就应该扼杀;

40. 认为帮助孩子戒掉网瘾太难了。

如果答案"是"在 5 项以内,那么你的孩子会顺利地成长;

如果答案"是"在 5~10 项之间,那么你应该加强学习;

如果答案"是"在 10~20 项之间,那么你必须尽快改变,否则你将毁掉孩子的前程!

如果答案"是"在 20 项以上,那么你对孩子的教育基本上完全失败。孩子会变得玩世不恭,到了青春期,他甚至有可能成为"混混"。

在本书中,我们会针对这40个问题,提出具体的操作方法,希望对家长们有所帮助。

目 录

上篇　管教方式决定子女命运

01　乐于支配型　　/003
02　自我专制型　　/008
03　溺爱娇宠型　　/013
04　温室保护型　　/018
05　挑衅残暴型　　/022
06　被动服从型　　/027
07　粗心忽视型　　/030
08　否定拒绝型　　/035
09　完美照料型　　/039
10　民主和谐型　　/044

下篇　教育子女常见的 40 个问题

01 当众批评孩子能达到激励孩子的效果吗　/051
02 表扬孩子会让孩子骄傲吗　/056
03 把孩子和别人做比较能激发孩子的上进心吗　/060
04 可以用自己年轻时的经历教育孩子吗　/067
05 能对孩子说自己的付出全是为了他吗　/070
06 教育孩子的希望全寄托在学校教育上吗　/075
07 以自己的标准给孩子定目标合适吗　/078
08 物质刺激是激励孩子的重要方法吗　/081
09 对孩子不闻不问会怎么样　/086
10 对孩子的事什么都想知道会怎么样　/088
11 鼓励对孩子有多大影响　/091
12 经常斥责孩子能促使孩子改正缺点吗　/094
13 父母对教育孩子意见不统一怎么办　/097
14 父母经常吵架对孩子有什么影响　/101
15 家长有明确的生活目标有利于教养吗　/104
16 家长的情绪跟着孩子的分数走怎么办　/106
17 为什么给了孩子最好的，孩子还是不努力学习　/110
18 为什么孩子能听懂道理却故意不去做　/114
19 孩子的学习成绩与家长的文化水平有必然联系吗　/116
20 无微不至的照顾就是关心孩子吗　/119

目 录

21 上速成班有没有用 /122
22 孩子学习时必须有人看着吗 /125
23 家长身体力行对孩子有多重要 /128
24 要不要让孩子做家务 /131
25 孩子爱玩会耽误学习吗 /136
26 打骂孩子就能让孩子听话吗 /139
27 常在孩子面前评论别人的长短合适吗 /142
28 为什么不能总对孩子说"你怎么这么笨" /145
29 为什么要让孩子感到学习是快乐的 /149
30 常说"只要你好好学习,什么条件都答应你"管用吗 /152
31 学习成绩取决于孩子的智力水平吗 /154
32 孩子说了一件让他得意的事,要不要告诫他别骄傲 /157
33 孩子在学习上一点儿不着急怎么办 /161
34 怎么提高孩子对学习的兴趣 /163
35 怎样的教育模式才有利于孩子成长 /175
36 孩子将来的命运是他自己造成的吗 /178
37 孩子对老师有抵触情绪怎么办 /181
38 人的性格是不可以改变的吗 /187
39 只要是早恋就应该扼杀吗 /191
40 怎样帮助孩子戒掉网瘾 /199

上篇

管教方式决定子女命运

家长是孩子的第一任老师，其一言一行对孩子的影响是最直接的，也是最深刻的；家长的言谈举止对孩子性格、能力的形成有着非常大的影响。所以，"管教方式决定子女命运"的说法一点儿也不夸张。

根据家庭教育方式的不同，我们大致将家长分为以下 10 种类型。

01　乐于支配型

在日常生活中，这一类型的家长经常会对孩子说，"你应该这样做，你应该那样做"。他们总是把自己摆在自以为正确的位置上，而把孩子摆在他们认为错误的位置上；把自己放在管理的位置上，把孩子放在被管理的位置上。一旦孩子稍有反抗，他们便以"我给你好吃的好穿的，你就应该听我的，服从我的安排"为由，将孩子的想法压制下去。而在这种强压下，能量强一些的孩子会出现逆反心理，做出逃学、迷恋网络游戏、早恋等各种令家长头疼的行为，能量弱一些的孩子会变得自主能力极差，消极、软弱。

之前的一部热播韩剧，剧中主人公之一是一位母亲，她拥有一个公认的模范家庭，丈夫事业有成，儿子聪明孝顺，还考上了著名的首尔大学医学院。她一直过着所有人羡慕的生活，觉得自己就是人生赢家。突然有一天，儿子和保姆的女儿私奔了，她接受不了这个现实，不明白为什么会发生这样的事情，直到有一天她无意间翻开了儿子的日记，真相浮出水面，这一切原来都是孩子蓄谋已久的计划。

孩子在日记中写道："妈妈，你真的爱我吗？与其说爱我，还不如说你需要对外炫耀的资本。因为学习不好，你曾经对我说过那么多糟糕的话语。医科大学是你和爸爸想要的，根本不是我想要的，我不想继续活在地狱中了，我终有一天会离开这里……"她看过日记后，很震惊，很无助，她从未想过这个一向听话懂事的孩子，心里竟然埋藏着这么多的怨恨。后来她找到了孩子，却只对孩子说了一句话："这都是为了你好。"这句话其实是乐于支配型父母的典型说辞，可是这些父母都未曾亲口问过自己的孩子："你到底过得好不好？"

"支配"在亲子关系中的意思就是父母要求孩子服从父母的期望。乐于支配型父母最容易做的一件事就是以爱之名控制孩子，要求孩子去做父母认为对的事。有些父母出于对孩子的关爱，想掌握孩子生活中出现的一切状况，希望孩子的成长按照既定的路线发展，不发生任何意外。但是当"支配过度"时，孩子就不再是独立的个体，他没有选择权和掌控感，随之也就失去了生活动力。

我曾经在训练营里遇到一个孩子，在和她的交谈中，我了解到她的妈妈就是典型的乐于支配型家长。从小到大，她每一天都在妈妈的计划中度过，作业在多长时间内完成、每天练习几个小时的钢琴、衣服鞋子要如何搭配，甚至连她的交友，妈妈都要干涉，都要了解得一清二楚。

上大学以后她做的每一件事情的动机都是"远离妈妈"，甚至她心里非常抗拒每一次回家团聚。对她来说，常年被妈妈管教和安排让她产生了一种极大的恐惧。她曾经这样和我说过一句话，让我感到很心痛，她说"生活并不属于我自己，而属于我的妈妈"。她成年后，她们母女关系陷入了一种疏离状态。

同时，这个孩子在她的婚姻中也逐渐展露出自己"强硬"的一面，这是她妈妈对她潜移默化的影响带来的后果。这种影

> 当"支配过度"时，孩子就不再是独立的个体，他没有选择权和掌控感，随之也就失去了生活动力。

响让她的婚姻一度很不幸福。甚至她在工作中，由于性格强势，人际关系也不是很好。

其实，乐于支配型家长很难让孩子产生亲近感和信任感，就像我刚刚讲述的这个孩子作为一个"被支配的对象"，她对妈妈始终存在内在的叛逆和反抗。她在成长期没能成功对抗妈妈的强势要求，成年后在工作、婚姻上就努力与妈妈的期望背道而驰。

当然，在乐于支配型家长的教育下，还会出现另一类极端的孩子，比起刚提到的两个试图反抗妈妈的案例，这类孩子成长的最终方向是软弱、失去自我。在婚姻中，"妈宝男"往往非常惹人厌恶，他们的妈妈会强行介入孩子的婚姻关系中，而他们只负责"听妈妈的话"。"妈宝男"是典型的"受控型孩子"，他们在漫长的成长过程中，被妈妈控制了人生观和世界观的塑造，潜意识里屈服于妈妈的指令，并且在母子关系中表现出自己的软弱和无能。家长这种无尽的"支配和保护"会让孩子变得弱小。自以为掌握孩子人生方向的家长难以容忍孩子的叛逆和改变，往往会在孩子成婚后干涉孩子的小家庭的事务。

一个朋友在谈到自己的恋情时，说自己本来应该步入婚姻殿堂，却因为妈妈的干涉而分手，她至今为此感到痛心惋惜但是无能为力。问她为何不敢争取，她的回答是"害怕妈妈的歇斯底里"。所以家长们必须明白，你们在试图支配孩子的人生的同时，也是在毁灭孩子的人生。所有的爱都是尊重在先，爱在后。没有尊重作为前提的爱只会成为孩子一生的负担和束缚。

每个孩子都是独立而自由的个体，他们有权利选择自己的人生和自己的道路，也有资格享受人生的起起落落。教育不是把孩子塑造成我们期待的模样，爱孩子是一种本能，尊重孩子是父母一生的教养。

> 教育不是把孩子塑造成我们期待的模样，爱孩子是一种本能，尊重孩子是父母一生的教养。

02　自我专制型

很多家长因为自己的社会地位不高，在单位里无法体现自己的价值，所以一回家就想在孩子身上找到尊严。他们对孩子过分严厉，命令孩子凡事都要遵循自己定制的方案去做，否则就会严厉地惩罚孩子，根本不把孩子的尊严放在眼里。

自我专制型家长的这些行为其实是自身缺乏安全感的表现，他们通过控制孩子来体现自己存在的意义。这种管教方式对孩子的伤害是非常大的，具体表现在四个方面。

第一个方面：孩子会失去自我，意识不到自己的权利。

孩子一般从 2 岁开始，就逐渐具有了自我意识，他开始按照自己的意愿去做一些事情。比如，他要自己动手吃饭、他要出去玩等。如果父母总是拒绝孩子,告诉他这个不可以,那个也不可以,那么,孩子就会渐渐失去自我,感觉不到自己是可以掌控自己的,认为自己无权去做自己想做的事情、无权提出任何要求,他会习惯被父母"摆布",父母让他做什么,他就去做什么。

他长成了父母眼中的"乖孩子",却像一头从小就被铁链拴住的大象,即使自己足够强大了,也不会有挣脱铁链的想法。

> 动物园有一头调皮的小象,为了控制它,驯象师便给它的腿上拴了一根很粗的铁链,小象不管走到哪里都会被铁链拉住,慢慢地,小象便明白了,它是永远也无法挣脱这根铁链的。小象长大后,驯象师知道它已经被驯服,便只在它腿上绑了一根细麻绳,其实它只要稍微使劲,就可以挣脱。有一天,象棚失火了,驯象师拿着鞭子使劲赶着大象说:"快跑呀,快跑呀。"可是大象总觉得腿上有力量把它往回拉,最后火越烧越大,大象被活活烧死了。

经常听一些家长说:"我家孩子太窝囊了,在学校被同学欺负,就知道站在那里傻哭,不知道去找老师,不知道还手。"孩子为什么会这样呢?因为孩子从来没有自己掌控过自己,不知道自己是不能被侵犯的,因为他一直在被人控制、被人安排,没有按照自己的想法去做事情。

第二个方面：孩子会活在别人的眼中，在意别人对自己的看法。

当孩子想买一条漂亮的公主裙时，有的家长总是凶巴巴地对孩子说"不行"，孩子胆小，就不敢再和家长提要求，家长继而表扬孩子"你真听话，是妈妈的乖女儿"，并在她的脸蛋上亲吻了一下。这时候孩子内心的感受是什么呢？她会认为自己服从才能得到奖励，于是慢慢地适应了服从。

如果在孩子提出要求时，我们总是一味地拒绝孩子，控制孩子按照我们的意愿去做事，他们倘若有反抗，我们就施以批评、惩罚，那么时间长了，孩子就会变得胆小，做事之前会察言观色，通过观察父母的言行来判断自己该不该做这件事。他们希望得到父母的认可，就只能忽略自己的想法，选择顺从父母的意见，因为他们知道，只有顺从才能得到表扬和夸奖。

这样的孩子长大后，会没有主见，人云亦云，十分在意别人对自己的看法；会委屈自己，讨好别人，让自己过得不开心、不幸福，无法活出自己的精彩。

第三个方面：孩子的人生没有目标，没有动力，活得没有价值感。

我有一个朋友，他的孩子以优异的成绩考上了复旦大学，他在向我们介绍教育心得时，说了这样的话："和孩子斗争了十多年，终于把他送进了一所好大学。这孩子从小就得严格地教育，一定把孩子管得服服帖帖的，他才能老老实实地学习。"

可孩子才上大学一年多，他就非常焦急地找到我，说孩子因为好几门功课考试不及格，即将被退学，他不知道该怎么办了。原来他的孩子到了大学后，失去了父母的管控，像飞出了笼子的鸟儿，获得了自由，学习上不积极主动，每天窝在宿舍里睡懒觉，睡醒了就上网玩游戏，导致学业一塌糊涂。

这个孩子的行为很具有代表性。一部分大学生在读大学之前，一直被父母管控，迫于父母的压力学习，他们觉得学习只是为了让父母开心，所以他们没有主动学习的动力，没有感受到学习带来的成就感与价值感。一旦他们摆脱了父母的管控，就会立马变得茫然无措，不知道要干什么，感觉人生是迷茫的，没有方向，没有动力，于是在放纵中虚度时光。

第四个方面：孩子会成为控制欲更强的人。

孩子在小的时候，羽翼还没有丰满，他们常常会迫于父母的权威，屈从于父母的管制，但是当他们有一天意识到自己长大了，特别是到了青春期，他们往往会变得十分叛逆，与父母对着干，极力摆脱父母的控制。

一旦孩子感觉自己有能力摆脱父母的控制了，他们会变本加厉，会继承父母的"专制"来控制身边的人。因为他们认为只有掌控了别人，自己才能获得自由，这也是很多家长拿青春期的孩子没有办法的一个重要原因。

这样的孩子长大后,很难和别人相处,因为他们的控制欲望总会时不时地冒出来,让别人很不舒服,人们不得不逃之夭夭,远离他们。

孩子是家长的一面镜子。如果家长总是批评、打骂孩子,孩子就会以牙还牙,对抗这个社会;如果家长多表扬、关心孩子,孩子就会欣赏他人,对社会感恩。所以家长们,如果你希望孩子心存感恩、心地善良,成为一个对社会有贡献的人,就不要再用专制的手段对待孩子了。

03　溺爱娇宠型

家长爱孩子是无可非议、天经地义的,但是对孩子溺爱只会对孩子的人生有百害无一利。现代社会,一个家庭中往往有六个家长,爷爷奶奶、姥姥姥爷、爸爸妈妈,这六个家长守着孩子,争相宠爱孩子,给孩子各种特殊待遇。

而所谓的特殊待遇指的是什么呢?就是说孩子在家中地位高人一等,家里有什么好的东西都先让他一个人享用。特殊待遇享受多了,孩子就会只在乎自己想要的,觉得什么都是父母应该做的,久而久之就变成了自私、冷漠、不懂得感恩、不自知、不知足的孩子。

我前几天接到一个家长的电话，他向我讲了这样一件事。他们夫妻俩是开公司的，前段时间有个异地的急单，两个人都出差了七天，孩子让爷爷看管，其间孩子基本都是胡乱潦草地做一下作业交差，完全不肯用心做，生活上更是丢三落四，总是弄错要带的课本。老人在一旁催孩子写作业，孩子总是拖延，还振振有词地说："以前作业都是爸爸妈妈陪同做的，书包也都是他们整理的，我一个人怎么做呀？"听到老人反馈的这些话，孩子的妈妈才意识到这些年对孩子溺爱。她对孩子的要求总是一再地妥协：作业陪着做，有时候来不及还帮着抄；孩子的书包她都代为收拾；老师要求孩子完成的事，她全替孩子代劳。

家长这种直接包办代劳，导致孩子的意识产生了偏差，孩子会认为学习、完成作业、收拾书包等事情都是家长的责任，一旦哪里没做好，就把自己当成一个受害者，反而埋怨父母没有提醒和帮忙到位。

媒体曾经报道了日本一个84岁的母亲亲手杀死自己59岁儿子的新闻。她的儿子一直不找工作，白天睡觉，晚上喝酒，没有钱了就向她伸手，如果她不给，儿子就对她

> 辱骂、殴打。终于，忍无可忍的老母亲趁儿子醉酒睡着之际勒死了他。之所以会产生这样的悲剧，正是父母该放手时不肯放手，溺爱让孩子失去了独立自主的能力。

我举这两个例子，就是想告诉大家，溺爱娇宠型的父母很容易培养出依赖性强、独立性差的孩子。可是为什么父母掏心窝的爱却换来孩子无尽的怨恨呢？

其实如果你细心观察，就会发现，孩子在小的时候，如果需求没有得到满足，他们会以哭闹的方式"逼迫"大人，而家长出于爱和心疼，往往都会尽量满足孩子的要求。然而，家长总是忽视孩子另外一种非常重要的需要，就是自我价值感——自我实现的需求，而这种需求往往是孩子自己也说不清楚的。

举个常见的例子：孩子一开始是愿意自己吃饭的，但有些家长担心孩子会弄脏衣服和地板，或者觉得孩子吃得慢，就总是给孩子喂饭。不仅如此，还有帮孩子洗水果、系鞋带等，将孩子硬生生地宠成了饭来张口、衣来伸手的"小皇帝""小公主"。很多家长还会对孩子说："你只要专心学习就好，其他的事情不用管。"长此以往，孩子会认为自己做什么都是不行的，逐渐自我否定，失望越多，愤怒越大，最终演变成对父母的埋怨。这种愤怒其实就源于孩子的无能感和无力感。

> 越是能力不足的孩子，脾气越坏。家长的溺爱正是孩子愤怒的导火索和助燃剂。

我们发现，越是能力不足的孩子，脾气越坏。家长的溺爱正是孩子愤怒的导火索和助燃剂。其实，家长全方位的照顾，或许只是为了在孩子面前找到存在感和满足感。当孩子还小时，家长或许还有能力满足孩子的一切需求。可是随着孩子一天天长大，家长会发现，自己的照顾变得越来越无力，此时问题就会朝着更坏的方向发展，不仅孩子的能力没有被培养起来，孩子还习惯了父母全方位的照顾，当父母没有能力满足孩子的需求时，孩子心里的愤怒将越来越大，直到有一天量变达到质变，他的愤怒变成了恨意。

在溺爱中长大的孩子，在职业生涯中也会遇到很多障碍，他们在工作中常常表现为：不积极、被动、承受能力差、逃避责任等。他们一直依赖父母，惯性已成，一遇到挫折、挑战，就会习惯性地等待别人帮忙，很少主动想办法解决困难。在如今竞争激烈的环境下，这样的孩子在社会上生存都会举步维艰，更谈不上在工作中体现自己的价值、获得成就了。

所以亲爱的家长们，正确地爱孩子也是一门学问，别让不正确的爱变成了害，最终毁掉孩子的一生。

04 温室保护型

人出生之后,刚开始对这个世界只有两种感觉,一种是恐惧,另一种是好奇。孩子在成长的过程中只有一次次战胜恐惧,才能渐渐地建立自信,勇敢地对自己的行为负责,即使结果不尽如人意,他们也不会怨天尤人,把责任推给别人。但是有的孩子在成长过程中,由于家长的过度保护,没能建立起这种自信。

孩子在学习走路的时候摔跤了,一般家长们会有如下三种反应。

第一种反应,家长会把孩子扶起来,然后跟他说:"孩子你知道吗?你现在摔倒了,妈妈可以扶你起来,但是,当你长大以后,你摔倒了,就一定要自己站起来。因为妈妈老了以后,还需要你去照顾。如果你不学会自己站起来，那将来妈妈和你都摔倒了，我们怎么起来呢？"

第二种反应，家长会把孩子扶起来，然后跟孩子说："孩子你知道吗？你摔倒一定是有原因的。有可能是你在走路的时候不小心、注意力不集中，没有关注路面情况，而是关注其他地方，所以才摔倒。失败是成功之母，摔倒了，请你记住找到原因，这样才能保证不会再摔跤。"

第三种反应，家长会马上把孩子抱起来，然后非常怜惜地抚摸孩子、哄孩子，并且，用脚或者手去打孩子摔倒的地方，用帮助孩子出气的方式让孩子消气。

那么这三种不同的教育方式，最终的结果是什么呢？

第一类家长的孩子会非常有责任心，将来不管遇到什么问题，他们都想着承担责任。

第二类家长的孩子长大以后，面对失败，会探究失败的原因，自我反省，为下一次成功做准备。

第三类家长的孩子，因为受到了过多的保护，他们最终会成为善于推卸责任的人，不管发生什么事情，只要犯了错、受了损失，他们都不认为是自己的原因，而会觉得是别人造成的。这种过度保护还会让孩子在做任何事的时候都有畏难的心态，最终往往一事无成。

> 适度保护会让孩子有强大的后盾,给孩子安全感,但是过度保护会让孩子内心充满恐惧,不信任自己。

适度保护会让孩子有强大的后盾,给孩子安全感,但是过度保护会让孩子内心充满恐惧,不信任自己。一个人在这个世界上维持生存的原动力就是自我价值。自我价值简单地说就是一个人自信、自爱、自尊的能力。一个孩子只有先自信,才能自爱,然后自尊才能跟着建立。自信是什么,就是相信自己有能力。而这种能力的基础是经验,一个人只有在不断地认识人、经历事的过程中,不停地积累经验,才能拥有自信。

温室保护型家长出于自身恐惧,会想象种种孩子有可能受伤害的情景,因此在孩子开始尝试前就阻止孩子做各种事情,久而久之,孩子受到家长的影响,内心的担忧和恐惧也会变多,做的事越来越少,积累不了什么经验,自信心就会越来越弱,最后变得自己都不喜欢自己了。

孩子在家长无微不至的保护中,是学不到面对挑战时如何解决问题的,这样，将来在人生中独自面对挑战时，可能付出的代价往往会更让他痛苦。

亲爱的家长们，别的种类的爱都是指向结合的，只有父母对子女的爱是指向分离的。我们终有老去的一天，也终有离去的一天，不可能保护孩子一辈子，所以我们对孩子的爱是一种准备，让孩子在没有我们庇护的时候也能掌控自己的人生。

请家长对孩子的爱再多一些智慧吧，不要再用错误的爱来伤害孩子了，让孩子在充满力量和爱的环境中长大，让他在家长还健在的时候多认识人、经历事，让他有照顾自己人生、照顾别人人生的能力，让他有获得成功快乐的能力，让他有最大的空间自由发展，而不是让孩子的人生为家长的担心和恐惧买单。

05　挑衅残暴型

每一次我在辅导"青少年启智训练营"的过程中,都会接触到很多这样的孩子:他们看人的眼神总是充满敌意,带着挑衅。不用问我也知道,这种孩子肯定生活在挑衅残暴型家庭中。挑衅残暴型家长常常选择用暴力行为或者语言来解决问题,这样的行为表面上看是有可能暂时把问题解决了,本质上却加强了问题的严重性,会导致更严重的后果。

挑衅残暴型家长经常会对孩子的行为横加指责,有的在面对孩子的错误时,不能控制自己的行为,对孩子进行肉体和心灵的侵害,这样的父母共有的特征便是:对孩子缺乏耐心,行为极端,人格有缺陷,心智不够成熟,对自己的暴力行为的危害认识不足,想当然地认为孩子的问题只能通过暴力来解决。

虽然在对孩子施暴后,他们自己也承认,这种方式不仅不能解决孩子的问题,反而会使之更严重,但他们还是很难克制自己的行为,以致对孩子的教育陷入恶性循环,孩子犯了错就会挨骂被打,而被打以后的孩子更会不断地犯错。

挑衅残暴型家长一般行为比较极端,不太会用正确的方式来解决矛盾,也不善于用恰当的方法来释放自己的负面情绪。在这种性格影响下的孩子,通常也会形成残暴型性格,暴力行为特征突出,遇事只想用暴力解决。

而且,由于挑衅残暴型家长常会行为冲动,做事极端,遇事只考虑自己的感受,很少考虑后果,他们的孩子受其影响,往往也会形成这样的思维方式和行为特点,这会影响到孩子未来的工作、婚姻,乃至生活。

> 曾经在我们的训练营里有这样一个男孩,十天的时间里天天和别的孩子打架。家长在前期对接的时候也表明这一问题,说孩子在学校里也是天天和别的孩子打架,已经被学校要求转学了好几次,几乎班级里所有的孩子都害怕他。甚至有一次在课间玩耍的时候,这个孩子因为无聊,就拿着红领巾勒另一个孩子的脖子,差点导致那个孩子窒

息，幸好老师及时发现。

于是我先跟这个孩子进行了几次深入的交流，达成了情感的共识，让他对我有了信任，然后问他："你为什么总是打小朋友，出手还这么狠？"他说："我打他们，是因为他们的父母都不打他们，而我的父母经常打我。"我这才了解到这个孩子的家庭教育类型，原来这个孩子的爸爸是典型的有暴力倾向的人，每次看到孩子行为不端就打得孩子浑身青紫，久而久之，孩子也学会了这种处事方式。这个孩子还有个弟弟需要妈妈照顾，因此妈妈尽管想好好管教他，却一直处于既没精力又没有方法的状态。孩子受到的关心不够，又总是被说教打骂，总是被暴力侵犯，最终也学会了用暴力的方式去侵犯别人。

知道这个孩子的成长环境以后，我就把他调整到我的房间对面，每天都叫他来我的房间，给他准备很多吃的，让他分给隔壁宿舍的其他孩子。开始他不接受，后来他尝试这样做后，找到了对别人付出后别人向他表示感谢的那种感觉，很多孩子也开始慢慢接受他了。就这样，在助教老师的肯定下，在同学的认同下，这个孩子开始有了一些变化。同时，我也与孩子的父母沟通，让他们注意管教的方法，多和孩子做正面沟通。

在十天训练营结束后,新学期开学,不久后我接到了孩子妈妈的电话,说班主任老师表扬孩子开学后没有打过一次架,没有再威胁同学。妈妈非常感谢我们,在短短几天内就让孩子有了如此大的进步。从这个孩子的变化可以看出,家长以什么方式对待孩子,孩子就会用什么方式对待这个社会。

经常遭受父母暴力侵害的孩子,往往自我评价极低,不重视自己的社会形象,容易破罐破摔,而且,极易变坏、堕落,在这些孩子的眼里,只有暴力值得崇尚,因此,他们会去参与那些可以用暴力伤害别人或获得利益的社会群体,这也是挑衅残暴型家庭中青少年犯罪率特别高的原因。

经常遭受父母暴力侵害的女孩,会变得对自己不够尊重,容易被极端放纵的行为吸引,而且,因为自我评价极低,她常常不懂得自尊、自重,甚至不会自爱,由此走上堕落的道路。

在暴力侵害中长大的男孩,通常也会很暴力,因为在他的人生哲学里,谁的拳头有力量,谁就可以征服他人。因此,他会盲目去追随那些以武力解决问题的所谓"强者",用这种方式来证明自己也是有力量的。这样的男孩崇尚以暴制暴,容易对极端行为毫不在乎,做事不考虑后果。

尹建莉老师曾经说过一段话让我印象很深刻,她说:"面对一个未成年人,成年人最大的文明所在,就是站在儿童的角度,努力

> 面对一个未成年人，成年人最大的文明所在，就是站在儿童的角度，努力地理解他的所作所为，以他乐意接受的方式对他的成长进行引导。

地理解他的所作所为，以他乐意接受的方式对他的成长进行引导。"你必须把他当作一个"人"来平等对待，而不是一个"弱小的人"来征服。

亲爱的家长们，要明白，以恶治恶只能产生更多的恶，不要再用错误的方式去对待孩子了，这样的话造成的将是一代又一代的悲剧。

06　被动服从型

什么样的家长是被动服从型家长？即一切服从于孩子、在亲子关系中总是处于被动位置的家长。

为什么这种类型的家长总是听孩子的话？其实如果我们仔细观察的话，就会发现这些被动服从型家长有一个共性，即他们对孩子的爱中都带有补偿的心理，他们常常有这样的想法："如果我有了孩子，一定不让他走我的老路""孩子千万不要像我一样受苦"……

我们来看看家长常见的补偿心理都有哪些。

第一种最常见，自己曾经得不到的都要让孩子得到。很多家长都有这样的心理，现在做家长的这一代人，以前的生活并没有现在的生活这样宽裕，可能小时候家里生活拮据，自己想要什么，父母并不能够满足自己,对家长来说,这是自己心里一直以来的遗憾。因此自己有了孩子以后,就希望把这些曾经想要却要不到的东西全部给予孩子。这种看似满足孩子的行为,其实是家长在满足自己的心理需求。

富人的孩子当然可以衣食无忧,生活优越。但是许多收入并不高的家长也把自己的孩子当富二代养,满足孩子的奢侈要求:手机、电脑非"苹果"不要,衣服鞋子一定要潮流名牌。

> 我曾经遇到过这样一个家庭,一家三口,父母经营着一家小店,女儿在上大学。由于电商的发展,小店生意很难做,有时候夫妻俩一个月忙下来赚的钱连房租都不够付,他们平时中午吃饭,连个荤菜都不敢点。但是女儿上了大学之后,第一个假期回来就找父母要苹果手机,说自己的手机太掉价,让她在朋友面前抬不起头。她父母硬生生地拖了一月的货款,挤出来五千块钱,给女儿买了新手机。

在中国像这样的家长实在太多了。他们不顾家庭经济的实际情况,倾尽所有,让孩子享受最好的生活条件。哪怕家庭条件不宽裕,他们也会觉得自己亏欠了孩子,担心孩子被别人比下去,让别人看不起,怕孩子因此产生自卑心理,所以更加娇惯、宠溺孩子,再苦再累，也舍不得孩子吃苦受罪。

第二种常见的补偿心理发生在很少陪伴孩子的父母身上，他们因为工作忙，或者有其他特殊原因很少陪伴孩子，所以产生愧疚感，在生活中会尽量满足孩子各种要求，希望通过给予孩子更多的物质，来弥补空间上带来的疏离，从而让孩子能够顺从自己，能够和自己多一些交流。但是久而久之，孩子的胃口越来越大，变成了有欲望的动物。他们的心里没有该或者不该，认为只要是他们想要的，家长就应该无条件地满足，否则就是家长不对，而且他们会用各种方式要挟家长满足他们的要求。这样的孩子长大以后，只知道索取，不懂得付出，蛮横无理，缺乏责任感。

第三种补偿心理发生在孩子有不幸遭遇的家庭。家长认为自己看护孩子不当，导致孩子突然发生意外，或者有些孩子出生后患有某些疾病又或者父母双方是离异状态，这些都让家长觉得对孩子有愧疚感，所以就要尽量补偿孩子，满足孩子。这样的行为会让孩子站在一个受害者而不是责任者的角度，使其无法从先天伤害和重大事故中走出来，反而会滋长孩子的怨恨心理和贪婪心理，影响孩子健康的人生。

上述补偿心理，会造成家长和孩子的心理错位，扭曲亲子双方的生命轨迹。

07　粗心忽视型

光明网曾经发布过一组数据:在对 1511 名儿童进行问卷调查后,中国科学院心理研究所的专家们得出一个结论,在针对儿童的四大暴力行为——"身体虐待""情感虐待""性虐待"和"被忽视"中,"被忽视"对儿童心理健康影响最大。

数据显示,"身体虐待""情感虐待""性虐待"和"被忽视"四大暴力行为对抑郁的预测结果 β 值分别为 0.17、0.14、0.06 和 0.37,对焦虑的预测结果 β 值分别为 0.19、0.15、0.02 和 0.30,这些数据表明"被忽视"导致儿童抑郁、焦虑的可能性最大。

对于这样一个调查结果,也许很多人是感到吃惊的。忽视,居然比身体虐待、情感虐待,甚至性虐待更严重?确实是这样的,千狠万狠不如不理你狠呀！忽视对孩子的精神伤害是伴随孩子一生的。父母是孩子的第一任老师，孩子在出生以后，最先接触到的就是家庭环境，而最初的社会关系就是亲子关系。亲子交往不仅影响着孩子以后社会交往的能力，还对孩子的身心健康发展起到至关重要的作用。

在心理学中有个概念，叫"重要他人"，指的是在孩子心理人格形成及社会化的过程中，对其最具影响力的人。重要他人的态度及行为举止，将对孩子的成长形成决定性的作用。每个人最初遇到的"重要他人"往往是父母，如果父母不能给予孩子充足的心理营养，那么孩子一生都会寻寻觅觅，在人际关系中处处碰壁。

> 有这样一个孩子，从小由保姆带大。父亲常年周旋于政治场，母亲忙于社交应酬，对他基本不管不顾。不管不顾到什么程度呢？据说，他在上学期间给母亲写信，母亲从来不回信；他去印度服役的三年期间，母亲只写过两封信给他，还不是对他嘘寒问暖的信，而是家里的报丧信。他曾在自传里这样描述母亲："我的母亲，她于我就像闪耀着光芒的晚星。我如此爱她，即使隔着不可企及的距离。"父母在他童年时期对他长期的冷落忽视，导致他从小就没有建立坚固的内在自信。后来即便他功成名就，成

为英国最伟大的首相和演讲家之一,他也仍然觉得"我的成就极多,到头来却一事无成"。他就是温斯顿·丘吉尔。

我们都知道,丘吉尔在大众心中的形象是坚硬刚强、无所畏惧、绝不屈服的。他却说,他的心中总有一条叫抑郁症的狗,一有机会就会咬住他不放。可以看出,丘吉尔就是一个从小被忽视的孩子,这种长年累月的情感忽视,是他身患抑郁症的源头。

儿童精神病学家唐纳德·温尼科特曾说过:抚养一个孩子成长为情感健康、可与他人形成健康联结的成人,需要父母给予一定量的情感互动、共情和持续的关注作为燃料。而缺失这种必要的情感联结,孩子或许仍会成功,但会感觉自己内心空虚,像缺失了什么必要的东西,他们苦恼而挣扎,却没人看得到。家长长时间对孩

> 抚养一个孩子成长为情感健康、可与他人形成健康联结的成人,需要父母给予一定量的情感互动、共情和持续的关注作为燃料。

子的忽视，甚至可以说是一种精神上的冷暴力，孩子长期在这种家庭教养方式下成长，心理上会遭到很大的伤害。

如果家长忽视孩子的需求，会让孩子的内心需要得不到满足，甚至觉得自己是不被爱的。容易让孩子缺乏安全感，形成自卑心理，在与人交往的过程中过于退缩，不愿主动。有的孩子也会像家长一样，对人缺乏关心和热情，忽视他人。

如果家长忽视孩子的情绪，会让孩子的情绪管理能力较差，要么压抑自己的情绪，性格忧郁；要么容易情绪失控，十分冲动。

如果家长忽视孩子的行为，尤其是对于孩子错误的行为不加以制止，长此以往，孩子会变得具有较强的冲动性和攻击性。

为人父母，我们不仅要让孩子吃饱穿暖，还得让孩子身心健康。

每个孩子接触最多的环境就是家庭，接触时间最长的人就是父母，父母的一言一行都会对孩子产生重要的影响。最好的教育源自内心，体现在日常生活中的每时每刻。孩子的每一次激动、悲伤、愤怒或者害怕，父母都要陪伴他们度过。为人父母，就要在孩子最需要我们的时候以他最看重的方式去帮助他。

愿家长们能放下手机，陪一陪孩子，哪怕只是在他玩的时候，静静地看着他。起码，孩子知道你在陪伴他。愿家长们能接纳孩子的情绪，不管是正面情绪还是负面情绪。面对哭泣的孩子，请抱一抱他，让他明白，不管自己快乐还是悲伤，父母都是爱着他的。当孩子犯错时，要及时地制止他，并告诉他正确的行为。家长对于孩子的正面引导，对于孩子的成长是至关重要的。

　　积极回应、充分尊重、纠正错误、温暖接纳、正确陪伴，这样的教养方式，会让孩子更加独立，善于自我控制和解决问题，充满自信，善于交往。

08　否定拒绝型

否定拒绝型家长不相信孩子，也不愿意了解孩子。他们要么以没时间为借口，拒绝和孩子交流；要么还没等孩子讲完，就打断孩子的话，否定孩子的想法，并自以为是地根据自己的经验给出结论，让孩子去执行。孩子在不断地接受各种各样的否定后，最终会认为自己真的不行。

对于否定拒绝型家长来说，他们的身边仿佛有一堵墙，他们不想和孩子待在一起。这会让他们的孩子觉得如果自己不存在，家长可能会过得更好。有时候，家长心情不好，往往会把愤怒发泄在孩子身上，孩子便在成长的过程中学会了减少和家长接触。长久下来，孩子的内心对家长不仅会产生恐惧感，还会出现很强的失落感，因为每个人都希望自己有价值，被关注。

我记得在一次训练营当中，一个助教老师跟我说他们组内有一个孩子不太说话，在组内不和小朋友玩，一直显得很孤独，别人和他说话，他就低着头，表现得很局促、恐惧。后来我联系他的父母，沟通之后就知道他为什么会有这样的表现了，他父母的教养方式就属于否定拒绝型，他们很少关注孩子的内心需求和感受，对孩子批评、拒绝居多。

否定拒绝型家长是最不具备同理心的。他们经常以回避眼神的接触来表示对亲密情感的厌恶，他们有时也会使用漠然的表情或者敌意的凝视使人远离自己，久而久之，就会导致孩子们不敢看家长甚至外人的眼神。在这个类型的家长身上，孩子基本上感受不到他们的温暖，他们的冷漠、可怕会让孩子有两种想法：第一，我不够好，所以我不被大家认可；第二，是我做错了，我没有价值，所以他们不愿意理我。这都会让孩子感觉自己是没有必要存在的。

> 我曾经接过一个爸爸的电话，说他的儿子正好进入青春期，比较叛逆，什么都和他对着干。儿子还经常说："反正我自己不好，你管我干吗？"这个爸爸很痛苦，我跟他深入沟通后，发现他是典型的否定拒绝型家长。后

来他也承认了，说了他的一次回忆，孩子在小的时候，有一次拿着一个小汽车过来跟他说："爸爸，跟我一起玩儿吧。"他因为公司的事情心情不好，没理孩子，孩子反复地要求，他当时心情烦躁得很，就顺手把孩子的小汽车扔到了窗外。他记得那次以后，孩子就很少亲近他。其实扔小汽车，对于这个爸爸来说，可能就是当时一个发泄情绪的行为，但是对于这个孩子来说却造成了很大的情感伤害，他会认为父亲不喜欢他，很嫌弃他。

否定拒绝型家长的孩子会习惯把自己当成父母的困扰或者负担，也就是说，他们经常会觉得：可能没有我，父母会过得更好。说到这儿，我记起一个女孩跟我讲过这样一句话，她哭着对我说："老师我还不如死了呢。"我问："为什么呀？"她说："我妈妈说了：从小到大为了我上大学，家里花了好多钱，我什么时候上大学了，她什么时候才能轻松。我觉得都是我不好，才让她这样的。那我还不如死了，她就轻松了。"当孩子有这样的想法出现的时候，他会产生内疚的心理，没有任何力量感，无论做什么事情都会很难坚持，会轻言放弃。同时他在遇到困难需要帮助的时候，也因为怕遭到别人的拒绝，而不敢直言求助。

> 在这个世界上,很多事情都不是一个人能独立完成的,每个人都是需要帮助的。

在这个世界上,很多事情都不是一个人能独立完成的,每个人都是需要帮助的。一个不懂得协作、不知道帮助别人或者请别人给予自己帮助的人,是很难有成就的。

所以否定拒绝型家长如果不改变自己,将害了孩子的一生。

09 完美照料型

完美照料型家长和温室保护型家长、溺爱娇宠型家长虽然动机不同，但在行为上都是替孩子包办一切。温室保护型家长是有恐惧的种子在，害怕孩子受到外界的伤害，所以替代孩子做了本该孩子自己做的决定和事情。溺爱娇宠型家长是过分地宠爱孩子，认为爱孩子就是为孩子做一切。而完美照料型家长大部分都追求完美，因为看孩子做的结果不如自己的意，便忍不住插手，帮助其完成。

有的家长希望自己的孩子学习成绩好、体育好、人品好……总之希望孩子样样都出色，感觉只有这样孩子才能在社会立足，才能活得很好。因为有了这样的想法，他们会要求孩子做到事事完美，就会很自然地把目光放在孩子做得不好的地方，希望他们能有所提升补足。家长的初衷是好的，但是这样过于追求完美的做法往往会让孩子的人生损失惨重。

> 昨天有个孩子打电话给我说，这次期末考试他考砸了，想死的心都有了。他说本来这些题他都会做，成绩不会有问题，但是快交卷的时候他突然发现答题卡涂错了，可已经没时间改了，分数肯定会一塌糊涂。他说从知道答题卡出错到给我打电话，他一直手脚冰凉，大脑一片空白，紧张得都快"瘫痪"了。他不敢回家，现在还在学校旁边的书店里面待着。我先帮助他平复了心情，然后开始和他聊起了他的父母。他说从小到大，他都特别害怕犯错，因为每次犯错，父母都会非常严厉地斥责，说他这不好、那不好，因为一点点小事把他这个人全盘否定。起初，他会非常努力地去达到父母的要求，但是他发现，即使达到父母的期待，也并不能得到鼓励和肯定，他们一定会发现新的问题，指出他新的不足。久而久之，他就活得很惶恐，生怕犯一点儿错，每次犯错，哪怕是卷子上出现一道错题，他最先想到的不是怎么改错，而是怎么向父母解释，掩盖自己的错误。

> 这个孩子在市重点中学上学,排名班内前五,在大部分家长看来,已经是个挺优秀的学生了,但是他自己从没意识到自己优秀。因为他的父母是典型的完美照料型家长,一直对他提出挑剔和否定,于是本来很优秀的孩子就变得习得性无助了。

什么是习得性无助?这是美国心理学家马丁·塞利格曼提出的一个心理学名词。

他曾用狗做过这样一个实验。他把狗关在笼子里,只要蜂音器一响,就给狗电击,狗被关在笼子里,躲不了电击。几次实验后,蜂音器一响,在给电击前,他先把笼门打开,狗却不逃走,而是不等电击出现,就倒在地上开始呻吟、颤抖。本来可以主动地逃避,却绝望地等待痛苦的来临,这就是习得性无助。

反过来想一想,那些经常被父母指责的孩子也是习惯性地看到自己不完美的地方,希望自己变得完美,所以他们不会接纳自己,他们害怕出错,害怕自己不美好,害怕被指责,害怕失败。时间长了,他们就会变得不敢挑战新的事物,不敢迎难而上,变得内向、退缩,越发没有价值感。

后来我和这个孩子的父母通了电话,他的父母也承认了这一点。他们都是知名公司的高管，思维很严谨，做事行动力很强，夫妻双方都很自律。孩子小的时候，他们工作很忙，时间很紧，每当看到孩子习惯不够好、学习上没有进步或者出了问题、生活上没有计划和目标，他们就会感觉非常难受，经常指责孩子，经常会说教，提出各种各样的意见。但是他们不知道8～18岁是孩子习惯养成期和性格形成期的关键时间段。如果在这个阶段，家长对孩子过分苛求完美，只关注孩子的学习成绩，不让孩子承受人生中的种种磨难，那么孩子就会变得非常幼稚，依赖性很强。等家长看到了这种后果，再想锻炼孩子的时候，孩子只会在遭受重重打击后变得更加懦弱、不自信，很难在社会上立足。

另外，来自家长的指责和不认可只会让孩子更加没有价值感，而家长的关爱、注意点变成了孩子价值体现的所在。所以这个孩子把学习成绩当成自己价值的唯一体现方式，因此当他涂错答题卡的时候，他会紧张到不知所措，甚至不敢回家。

不少为了成绩跳楼自杀的孩子都是因为家长过分挑剔，让孩子感受不到自己的价值感，当学习成为唯一价值体现的主体时，他又学不好，或者哪怕已经很好了，仍达不到家长过高的期望，他就会选择放弃自己。

所以请完美照料型家长切记：孩子是在不断肯定中长大的，当你肯定了孩子的一个优点，孩子才会发展出第二个、第三个优点，这才是让孩子变得越来越好的途径，而不是一味地批评、指责孩子，让孩子越来越没有价值感。

> 孩子是在不断肯定中长大的，当你肯定了孩子的一个优点，孩子才会发展出第二个、第三个优点，这才是让孩子变得越来越好的途径，而不是一味地批评、指责孩子，让孩子越来越没有价值感。

10　民主和谐型

我曾经看到一个爸爸在微博上发了一张自己女儿的照片，女儿笑盈盈地拿着一张卡片，卡片上写着自己名字。这张卡片是做什么的呢？是用来参与家庭事务重大决定的投票的。这个爸爸还为此配了一段文字："鉴于女儿在劝阻姥姥姥爷吵架、安慰失恋小姨、给妈妈做摄影师，并协助妈妈打爸爸等问题上有重大立功表现，而且坚持一年自己坐校车去幼儿园，不需要家长接送，所以今天她隆重获得了一项重大的民主权利，就是家庭事务投票权。"这条微博下面有很多家长评论，都称赞这种教育孩子的方式。

这个爸爸通过这样一个小小的举动，让孩子认识到自己的权利和自己在家庭中的重要性。这种民主的教育理念，不仅有助于培养孩子的独立能力和沟通协调能力，还能让孩子意识到要充分行使自己的权利。孩子从小拥有权利意识，他就会更懂得尊重别人的权利。在这种环境中成长的孩子，性格会善良开朗，拥有较好的自我管理能力，离开学校后也能更好地适应社会。

如果你也想打造民主和谐型家庭，一定记得在平时的沟通和教育中要尊重孩子，注重和孩子的平等交流，尽量避免要求式、命令式的语言，而是给孩子提供不同的选项，鼓励孩子说出自己的想法，并且为自己的想法承担责任。在与孩子的沟通中，比如孩子需要添置衣服了，样式和颜色等方面都可以由孩子做主；当孩子犯错了，可以让孩子自己选择弥补的方式。在尊重孩子选择权利的同时，也培养孩子"辨别"的能力，教会孩子在适当的时候学会拒绝，懂得维护自己权利。在与孩子的相处中，父母要尊重孩子提出不同观点的权利，让孩子勇敢地表达自己，如此，他内在的力

> 孩子从小拥有权利意识，他就会更懂得尊重别人的权利。

> 在与孩子的相处中，父母要尊重孩子提出不同观点的权利，让孩子勇敢地表达自己，如此，他内在的力量就会越来越强大，心智就会越来越完善，处理起事务来亦会更自如。

量就会越来越强大，心智就会越来越完善，处理起事务来亦会更自如。

另外，在民主和谐型家庭中，家长与孩子的身体接触往往非常多，他们把孩子当成自己的朋友，当孩子遇到问题的时候，当孩子受到伤害的时候，他们会站在孩子的立场，与孩子主动交流，倾听孩子的感受，成为孩子的疗伤人。

讲到这里，10种家长类型就都讲完了，在这10种类型中，除了民主和谐型，其他类型的家长在家庭教育上其实都存在误区，都是失职的。家长失职会导致两种结局：第一，孩子不能体谅家长养育自己的艰辛，逐渐变得自私，冷漠；第二，孩子的生存能力非常差，不懂或者不愿通过努力创造自己的生活。

管教方式决定子女命运，未来孩子之间的竞争，其实是家长之间的竞争。如果要改变孩子，家长就要从改变自己开始。

以往我在与家长交谈的过程中，很多家长总是跟我抱怨，说教育孩子真的是一件很难的事情。孩子不听话、调皮、撒谎、厌学、上课不专心、学习偷懒、跟老师顶嘴、不按时完成作业、任性、逃课、过分追逐时尚、谈恋爱、沉溺网络，甚至离家出走……让他们伤透了脑筋，他们常常感到力不从心、无所适从。

其实对于以上问题，家长不需要过于忧虑，只要及时调整教育方式，问题自然会有转机。我总是在各种课程中对家长说："今天的果，多是曾经的因造成的，今天的因，也会造成明天的果。所以请家长们耐心一点儿，当你被教育孩子的烦恼所困扰时，也就预示着孩子进步成长的时间到了。"

孩子就像一本书，一天一个样。家长即使今天看懂了，明天也可能看不懂。所以，家长要做的是欣赏、感受孩子的成长。纪伯伦曾经写过一首关于孩子的诗，其中一段是这样说的：

> 你的儿女，其实不是你的儿女。
> 他们是生命对于自身渴望而诞生的孩子。
> 他们借助你来到这世界，却非因你而来。
> 他们在你身边，却并不属于你。
> 你可以给予他们的是你的爱，却不是你的想法，
> 因为他们有自己的思想。

> 你可以庇护的是他们的身体,却不是他们的灵魂,
> 因为他们的灵魂属于明天,属于你做梦也无法到达的明天。
> ……

所以,尊重孩子并且相信孩子吧。相信孩子,静等花开。相信每朵花都有自己的花期,细心地呵护守望自己的花,慢慢地看着它绽放,陪着它沐浴阳光风雨,这何尝不是一种幸福。如果你守护的种子永远不开花,那是因为它是一棵参天大树。

下篇

教育子女常见的 40 个问题

教育孩子的过程，也是家长自我成长的过程。为了不在明天留下遗憾，请家长在今天与我们共同努力。

倘若你能找出问题的症结，然后溯本求源，无论你的孩子有多大，从现在开始，一切都还来得及。

01　当众批评孩子能达到激励孩子的效果吗

当众批评孩子是最伤害孩子自尊心的一种错误的教育方式,一个孩子一旦丧失了自尊,就会变得破罐破摔,会做出各种各样的令家长头疼的行为,而做出这些行为的初衷,都是为了挽回他失去的面子。

经常被父母批评的孩子,常常表现出两种行为:

能量小的孩子会因害怕被指责,不敢尝试新的事物,不敢挑战难度大的事,时间长了就会丧失追求成功的动力和勇气。我们经常看到有一类孩子,家长不要求,他就不去做,家长推一下他才会动一下,他在学习上、生活上没有什么主动性,对什么事情表现出来的都是不感兴趣,这就是因为这类孩子的自尊心曾经受到过很严重的伤害。

另外一类能量偏大的孩子，一般会选择和能量偏小的孩子截然相反的方式来挽回自己的自尊心，比如会经常顶撞老师、父母，或者和同学发生冲突，故意做一些出格的事。我们经常在新闻上看到一些极端情况的发生，多是孩子由于被羞辱，在愤怒悲观的情绪下做出了不顾后果的行为，让家长抱憾终生。

我们在青海西宁开启"青少年启智训练营"的时候，在开营的前一天，我的一个朋友带了一对夫妻来见我，在交流的过程中，我知道他们的孩子已经辍学在家长达五年。

一天半的时间里，孩子基本上跟小组里别的孩子没有任何互动和交流，你任何时候跟她说话，她的眼神都不会关注你，而且一直低着头。没办法，我又把她的父母叫到了会场，跟他们聊了两个小时，我让他们回顾孩子成长过程中的每一个环节、每一个细节，试图从中分析出到底因为什么事件让孩子变成了这样。妈妈想起了一个细节。孩子五岁时，有一次幼儿园组织全体小朋友去烈士陵园扫墓，孩子很高兴地换了一身白色的连衣裙，妈妈担心孩子穿着白色的连衣裙弄脏了不好清理，会显得孩子很邋遢，于是当着亲戚的面让孩子把衣服脱掉，孩子说："妈妈，我穿连衣裙这么漂亮，我要穿连衣裙。"妈妈就说了一句："孩子你知道吗？你的腿太粗了，穿连衣裙不好看，赶快去换掉。"于是孩子很不快乐，也很不情愿地把连衣裙换掉了，结果就是这么一个负面的确认，给孩子的内心留下了一个阴影，她认为她的腿太粗了，到上小学以后，她就表现出来不愿意参与任何集体活动，并且在三年级以后，她不参加课间操、体育课，到了四五年级以后，她每一天要比别的孩子早上学半个小时，晚上要比别的孩子晚回来半小时。因为她觉得人多的时候人们会看着她的腿，她的腿太难看了。直到小学六年级，这个孩子辍学了。就是家长对孩子一次无意的负面确认，让孩子从此不愿意参与任何活动，不愿意跟人交流。

　　第二天，我们搞了一个活动，让这个孩子戴着眼罩，所有人陪伴在她身边，我们放着轻柔的音乐，慢慢地引导她来到了草原，让她感受到她在草原中，有鲜花、蝴蝶在她身边飞来飞去，蓝蓝的天，白白的云，太阳非常温暖地照在她身上，其余的同学和她一起在草地上缓缓前行，整整十几分钟后，这个孩子"哇"的一声哭了起来，此时我们所有的助教、所有的同学纷纷过去抱着她说："你真的很漂亮，你太棒了。"她的助教和其他几个女同学又把她带到旁边的办公室，帮她换了一身白色的连衣裙，再把她领到会场，摘掉她的眼罩，所有人都说："你真的太漂亮了。""你穿连衣裙太漂亮了。"就是这样不断地确认，这个孩子开始愿意跟同学交流了。直到第三天结束，这对父母来到会场，他们看到自己的孩子竟然是面带笑容的，都非常激动，说，整整五年的时间，他们根本没有看到孩子笑过，孩子的笑简直是让这个家庭从地狱到了天堂。

当众批评孩子会让孩子一直处于羞愧的情绪状态里，一旦处于这种情绪里，孩子自己是很难走出来的。人是靠能量生活的，羞愧的能量层级是最低的。人一般在羞愧的状况下，通常的感觉是恨不得找一个地缝钻进去，或者希望自己能够隐身。一个长期处于这种情绪下的孩子，他的身体、精神状态以及对待一切事物的看法都会出现严重的问题。所以家长们一定要知道每一次当众批评孩子，其实都是在严重地摧残孩子的身心健康。长期处于羞愧能量层级的人还很容易发展出蔑视型人格，对社会和他人造成极大的威胁。

另外，经常被老师、家长羞辱的孩子，会变得害羞、孤僻、内向。有的极端的受害者会把老师和家长施加在他们身上的羞辱变成一种反作用力，他们会变得残忍、欺凌弱小、虐待动物，甚至做一些反社会行为。

中国自古就有"扬善于公堂，惩恶于私室"的说法，可见给人留面子的意识古人早就有了。亲爱的家长，不要让你冷漠的眼神和不好听的话语伤害孩子了，从今天开始，在意孩子的面子，管好自己的嘴。

> 亲爱的家长，不要让你冷漠的眼神和不好听的话语伤害孩子了，从今天开始，在意孩子的面子，管好自己的嘴。

02　表扬孩子会让孩子骄傲吗

大部分家长在教育孩子的过程中都会有这样的思想：当孩子有不足的时候要及时指正，帮他改掉，但是孩子有进步的时候不一定要表扬，否则孩子会骄傲。

而事实却是：如果家长不懂得表扬的激励作用，对孩子只有批评，反倒会适得其反。因为每个孩子在做一件事情的时候，在当下都已经做到了最好。比如说，没有一个能考前十名的孩子愿意考倒数十名，没有一个能考100分的孩子愿意考60分。当孩子成绩有所提升的时候，家长不会正面地确认，不会表扬，就意味着家长并没有认同孩子的努力。而孩子的成就以及他的自我价值，要通过家长的认可和身边环境给他的正面确认，才能转化成自信、自爱、自尊和负责任、求进取的能力。

表扬其实是家长对孩子的一种确认，可以转化成孩子不断前进的动力。比如说，孩子今天考试没有考好，但是总有几道题是做对了的吧？如果家长仅仅看到不好的成绩或者看到孩子做错的题目，而忽略了对孩子做得好的地方加以表扬，孩子的关注点很可能从自己努力做对的地方转移到做错的地方，时间长了，次数多了，孩子就会确认自己不适合学习或者不是个好学生，进而对学习失去兴趣。

再比如说，孩子做作业，字写得很潦草，家长拿起作业一看，就说："你看看你的字写得简直像狗爬一样，你就不能认真一点儿吗？"这时候孩子的关注点在哪里？是"我没有办法把字写好"。如果家长换一种角度呢？在孩子写的所有字里面，总能挑出一两个稍微写得好看点的吧。如果家长对他说："宝贝，你看这

> 表扬其实是家长对孩子的一种确认，可以转化成孩子不断前进的动力。

两个字你写得比爸爸都写得好，横多平、竖多直，简直写得太帅了。"那么此时孩子的注意力在哪里？一定是"我下一次一定要把字写得更好一点儿，因为这么写字能得到表扬，能让爸爸妈妈给我正面的确认"。所以，家长们得多看孩子的优点，少看孩子的缺点。

> 两个孩子都被妈妈送去打篮球，一个孩子投了10个篮，进了9个，而另外一个孩子投了10个篮，只进了1个，此时两个孩子都走下了赛场，进了9个球的孩子的妈妈指着他说："你啊，能不能再认真一点儿，你看看9个球都进了，为什么那1个球就进不去呢？你知道吗？你刚才没进球的时候，妈妈太为你感觉到伤心啦，你这么努力，就不能做到十全十美吗？"或许这个妈妈是希望孩子在未来打篮球的时候更精进、更努力，但是孩子心里会想什么？"我已经很努力了，可能我就不是打篮球的料。"
>
> 而另外一个孩子一走下来，垂头丧气地跟妈妈说："妈妈，我投了10个篮只进了1个球。"妈妈却抱着孩子说："宝贝，你太棒了！你知道吗，刚才你进那个球的时候，我太为你感到骄傲了，我差点拉着旁边的叔叔的手

说，刚才那个进球的孩子就是我的孩子，将来他一定能在 NBA 打篮球。"虽然这个孩子只进了 1 个球，但是他心里是怎么想的？"我下次一定要进更多的球，让爸爸妈妈更为我快乐，更为我骄傲。"

每个人都有缺点，强调缺点只能让缺点得到强化。没有人会因为被责备而改变，一个人愿意改变，是因为感受到了爱。当我们表扬了孩子的一个优点，就会让这个孩子培养出第二个以至第三个优点。经常赞扬和强化孩子的优点，这才是纠正孩子缺点的捷径。人人都渴望得到他人的认可，孩子更是如此，所以，当孩子做出良好的行为时，家长们一定不要吝啬认可，并且要及时地表扬，甚至准备一个本子，每天都要关注孩子在哪个方面有进步，每天睡觉前好好地想一下今天有没有表扬孩子。你的每一句表扬都会转换成孩子前进的动力。

> 每个人都有缺点，强调缺点只能让缺点得到强化。没有人会因为被责备而改变，一个人愿意改变，是因为感受到了爱。

03 把孩子和别人做比较能激发孩子的上进心吗

有一档综艺节目叫《少年说》，里面有这样一幕，看得让人非常痛心。一个女孩哭着大声地控诉自己的妈妈："你怎么总是拿我和其他的同学做比较？为什么我的努力你从来都看不到？"她妈妈冷冷地回应说："其实我一直在不断地故意打击你，以你的性格，不打击你就会飘起来。"此时女孩一边抹着泪，一边表达着："我希望得到的不是打击，而是妈妈你对我的鼓励！"而妈妈依然坚持自己的想法："当你很强的时候，我觉得我就应该拍你一下；当你很弱的时候，我觉得我就应该推你一把。"女儿看着妈妈这样倔强坚持的样子，知道自己无论怎么说都无法劝服妈妈，于是哭着走下了台。不少观众都说在这个女孩身上看到了当年的自己。是啊，有多少孩子就是这样被父母从小打击到大的呢？

在举办家长论坛的时候，我总会问家长们："你拿自己的孩子与别人的孩子比较吗？比较过的请举手。"这个时候全场至少有80%的家长会高高地举起手来。我的第二个问题是："当你比较完了，孩子进步了吗？"家长们总是摇摇头。

家长们爱拿别人的孩子和自己的孩子做比较，初衷一定是好的，是希望能够激励自己的孩子，让他不用扬鞭自奋蹄，让他自省，让他更努力，让他少犯错误。但事实上，这种做法会让孩子丧失自尊和自信，他会认为我不行、我不能、我做不到、我没有别人好，这种负面的暗示会伴随他的一生。

每一个孩子在这个世界上都是独一无二的，没有什么可比性，保护孩子的自尊心和自信心，比保护孩子的视力更加重要。每一个孩子都有自己的天赋潜能，孩子能做到现在这个成绩，都已经是经过最大努力了。即使两个孩子的天赋差不多，在不同的教育方式下也会发展出不同的结果。所以一个孩子教育得好与不好，其中最大的责任者，一定是家长，而不是孩子自己。家长才是孩子成长过程中最重要的责任人。请设想这样一个场景：有一天你的孩子回到家里，和你说："老爸，你看看××的爸爸，同样是男人，人家都成为公司董事长了，可你还是个小职员，你就不能像别的爸爸一样努力一下吗？"请问，孩子的做法是否能够激励到你呢？不会，但一

> 顺势而为的教育，才是最有效的教育。拿自己的孩子的短处，跟别人的孩子的长处去比较，是最不明智的做法。

定会伤害到你的自尊，并没有真正起到激励你的作用。

所以，我们一定要经常站在孩子的位置，同理他们的感受。每个人都有自己的长处。顺势而为的教育，才是最有效的教育。拿自己的孩子的短处，跟别人的孩子的长处去比较，是最不明智的做法。

我在《觉醒父母：教育子女的8大智慧》里面，重点讲到孩子的八个智能的开发顺序是不一样的。这八个智能分别是语言智能、数学逻辑智能、空间智能、肢体运动智能、音乐欣赏智能、人际智能、自我认知智能以及自然观察智能。而八个智能开发的先后顺序，受每个孩子所处的社会环境、家庭教育背景，以及生活环境因素影响。

比如有的孩子的音乐欣赏智能先开发，有的孩子的肢体运动智能先开发，有的孩子是数学逻辑智能先开发，有的孩子则是语言智能先开发，如果家长不能够因势利导地去引导或者开发孩子的智能，就会阻碍孩子的发展甚至扼杀孩子的天赋。

比如周杰伦，他的音乐欣赏智能先被开发了，但是如果他妈妈一定要让他把奥数学好，那很可能他的音乐欣赏智能就被压抑了。再比如姚明，他的肢体运动智能先被开发了，但是如果一定要让他去弹钢琴，那结果是家长无论下多少功夫，孩子如何用功，他最终可能也会一事无成，我们还损失了一个运动健将。

因此，孩子的哪一方面的智能先开发，我们就可以不断地去培养这一方面。

孩子的成绩不如意，也有各式各样的原因，有的可能是学习动力出了问题，有的可能是学习方法出了问题，有的可能是学习心态出了问题，有的可能是智能开发出了问题。所以，当孩子出了问题的时候，家长一定要关心问题背后真正的原因，而不是一味地指责孩子，拿他和别人做比较，那样最终的结果是让孩子在学习上、在生活上失去信心，让孩子觉得学习好难、活着好痛苦，让孩子感受不到自己的价值。

我们在对孩子多年的跟踪和辅导的过程中，发现有一类孩子是最让人心痛的，他们几乎每件事都能做得非常好，而但凡遇到哪怕只是一点点做得不好了，他们就会觉得失去自尊，变得非常压抑，甚至慢慢产生抑郁情绪。

他们所有的成就，都源于自己能比别人做得好，自己比别人做得好，他们就快乐，自己不如别人，他们就痛苦。而这都是因为，他们在成长的过程中总是被家长拿着去跟别的孩子比较。

亲爱的家长们，玫瑰就是玫瑰，牡丹就是牡丹，莲花就是莲花，每一朵花的存在都不是为了比别的花绽放得更好。一朵花到底好不好看，不取决于这朵花是什么品种，而取决于它是否绽放，也取决于是否有人会欣赏它，有人就是喜欢玫瑰，有人就是喜欢莲花，有人就是喜欢牡丹。家长们要知道，每个孩子都是独立存在的，每个孩子都拥有自己独立的个性和特质。教育不是千篇一律的，更不是一个机械化的流水线，我们可以拿孩子的今天和昨天比，现在和过去比，但是绝对不能拿孩子的短处和别人的长处比。

父母在孩子心中的分量很重，父母怎么看待孩子，孩子就会怎么看待这个世

> 教育不是千篇一律的，更不是一个机械化的流水线，我们可以拿孩子的今天和昨天比，现在和过去比，但是绝对不能拿孩子的短处和别人的长处比。

界；父母今天怎么对待孩子，孩子明天就会怎么对待自己的人生。生活在欣赏中的孩子，就会自然而然地欣赏这个世界。生活在鼓励中的孩子，就会不断地努力、进取。

你的孩子不一定只有金榜题名才脚下有路，但如果你毁掉了孩子的自信，那么他的脚下一定会没有路。只有明白每个孩子的天赋潜能都不同，才能发现孩子的优势，放大孩子的优势，才能因材施教。亲爱的家长们，记住了，每个孩子都有天赋潜能，不是孩子没有优势，而是我们缺少发现孩子优势的眼睛。

孩子就是家长的一面镜子，孩子有做得不好的地方，正好反映出家长在教育子女的过程中应该提升的地方。如果你是一个负责任的家长，如果你发现自己的孩子不如别人的孩子，那么你要做的第一件事就是反思，看看别的家长到底是怎么做的。当你不断地提升了自己的教子能力之后，

> 生活在欣赏中的孩子，就会自然而然地欣赏这个世界。生活在鼓励中的孩子，就会不断地努力、进取。

> 孩子就是家长的一面镜子，孩子有做得不好的地方，正好反映出家长在教育子女的过程中应该提升的地方。

情况自然而然就会改善。如果你是一个明智的家长，就应该明白每个人都有自己的长处，有的花早开，有的花晚开，不是所有的花都一起开。但是，你要坚信，你家的花，早晚都会开。

04 可以用自己年轻时的经历教育孩子吗

经常会有家长用自己年轻时的经历来教育现在的孩子，这种方法到底对不对？首先我们要明白，时代在变化，你年轻时的经历，也许孩子此生都不可能遇到，所以你的经历不一定对孩子有参考价值。

一个爸爸觉得自己孩子乱花钱，不珍惜粮食，想让孩子忆苦思甜，于是开着车到一个比较远的小镇，给孩子买了一笼玉米面的窝窝头。爸爸把窝窝头带回家，蒸好了摆上桌，对孩子说："今天让你吃吃忆苦饭。我们小时候就吃这个，上顿也吃，下顿也吃，吃得肠子都绿了。你现在

> 每天都大鱼大肉，还不珍惜。今天你好好品一品，感受一下过去的日子多么苦。"孩子从没吃过这样的东西，他吃了一个，觉得非常好吃，吃完第二个窝窝头，一拍桌子站了起来，说："爸，我想问问你，你小时候天天吃窝窝头，这么好吃的东西，我从来都没吃过，你还说你们日子过得苦?!"

家长小时候的人生经历，孩子并没有经历过，对家长那时的感受孩子也很难感同身受。所以很多家长的道理对于孩子来说并没有实际意义，他自己的人生经历和感受才是对他而言最重要的东西。所以家长们一定要记住这句话，有知识不一定比有常识更重要，有常识不比有见识更重要。

而且，有不少家长用年轻时候的经历教育孩子，是想借此表达：我比你强，你不如我。有的家长甚至刻意美化自己年轻时候的经历，孩子听着却不以为然，因为孩子从父母现在的所作所为上，并没有看出家长有那么优秀。

有智慧的家长不会用自己年轻时的风光经历来教育孩子，而是会时刻给孩子呈现自己不断进取的形象。

希望家长能明白，重要的不是告诉孩子你曾经多么风光，而是在此刻、在当下，让孩子看到你是一个什么样的人，你的言传身教比什么都重要。

> 重要的不是告诉孩子你曾经多么风光，而是在此刻、在当下，让孩子看到你是一个什么样的人，你的言传身教比什么都重要。

05　能对孩子说自己的付出全是为了他吗

很多的家长在教育孩子的时候，经常会说："我做这么多，全都是为了你。""我为你这么辛苦，你还不好好学习。"这是一种典型的没有心理边界的家长，他们错把自己放在了"烈士"的位置上，说自己为了孩子如何辛苦，甚至因此耽误了很多时间，工作没有效率，身体也不太好，他们这样说的目的不是教育孩子，而是让孩子产生内疚心理，从而听从自己的安排和要求。这种行为叫"牺牲者讨债式"的爱，这不是真正的爱，只是为了控制孩子。

我在《觉醒父母：教育子女的 8 大智慧》中已经阐述得非常清楚了，"爱一定是不能带条件的，所有带条件的爱都是阴谋"。真正的爱是帮助他、支持他实现他的梦想。而帮助他，要求他，成就他，以此实现你的快乐和梦想，这就不叫爱了，这叫贪！

同时，爱一定是要让对方感受到的。在跟家长交流的时候，我会先问他们："你们爱自己的孩子吗？"他们都说"爱"。而我紧接着问孩子："孩子们，你们能感受到爸爸妈妈对你们的爱吗？"孩子们几乎会异口同声地说："感受不到。"家长听完之后非常委屈。亲爱的家长们，要知道爱是由被爱者决定的，而不是由施爱者决定的。很多家长对我说："戴老师，我真的很爱他，但是他为什么感受不到呢？你看看你和他才接触几天的时间，他就什么都听你的，我都陪伴他十几年了，可是我现在说话他都不爱听。"

亲子之爱的真谛是无条件地付出。因为我们每个人来到这个世界的一个重要任务，就是让自己的家族变得更强大，让家族的下一代更强大，所以无条件地付出是每个家长的使命和责任。我们只能把作为

> 亲子之爱的真谛是无条件地付出。

> 你的成功、快乐的人生是对父母最好的回报，而你的孩子的成功、快乐、幸福的人生也就是对你最好的回报。

父母这个职责做得更科学，做得更好，根本没有理由和孩子去讨债。你的成功、快乐的人生是对父母最好的回报，而你的孩子的成功、快乐、幸福的人生也就是对你最好的回报。

在孩子一出生的时候，家长都会希望孩子今后健康、快乐、幸福就好了，几乎没有家长会对一个刚生下来的孩子说：你将来一定要学习好，你一定要出人头地，你一定要比别人强。所以，家长们，不忘初心，以始为终，让孩子快乐、幸福、健康，这才是我们培养孩子的终极目标。

有一部分家长会认为，自己在孩子身上付出了太多，但是没有见成效，所以会特别委屈。之所以产生这样的心理，可能是这部分家长在自己的童年时代，与自己的父母之间还有一些没有处理完的情结。他们小时候也是很努力的，做了很多事，可是一直没有得到父母的回应或认可，甚至还遭到了否定和伤害，因此他们内心深处有一种抱怨。当他们成为父母后，他们把自己内心的委屈、伤害投射到孩子身上，于是要求孩子还父母欠自己的债。这在郭立群老师的"高效能家庭的七大能力"里面讲得很清楚。为人父母，我们不能把对自己父母的期待投射到孩子身上，也不能要求孩子实现我们自己没能达成的愿望。

我经常在"能量智慧"的课堂上看到这样的父母，他们为了孩子，放弃了自己的工作。有很多人非常优秀，甚至有些人有自己的企业，但他们甘愿在孩子小学升初中或者初中升高中的阶段放弃工作，甚至两地分居，做起全职妈妈或者全职爸爸，每天的生活都以孩子为中心。孩子上学了，他们在家里翘首以盼；孩子回来了，他们给孩子做好丰盛的饭食；孩子写作业的时候，他们连电视都不敢看。但是结果怎么样，大部分孩子都没有因为父母这样过度的付出而变得非常优秀，这些父母自己却变得更加郁闷和痛苦，因为他们以爱之名绑架着自己的孩子，搭上了自己的时间、前途和精力。他们想尽一切办法给孩子最好的学习条件，让孩子衣食无忧，却也让自己越来越没有价值。

同时，当孩子的学习成绩稍微有一点点下降，或者孩子稍微有一点点对抗和叛逆的行为，家长内心就不平衡了。而这种不平衡会给孩子带去情绪的干扰。

影响孩子学业的一大因素就是情绪的干扰。孩子一天情绪不好,三天都缓不过来,三天情绪不好,这半个月就过去了,半个月情绪不好,这个学期就算废了。

家长在找不到自我价值的时候,一定会把情绪宣泄给孩子。孩子的情绪受到干扰,学习成绩也会受影响,而孩子的学业出了问题,又会让家长更加有挫败感,家长会认为自己把所有的时间、精力都给了孩子,甚至牺牲了婚姻生活和事业前途,孩子却没有变得更好,自己太失败了。这样,亲子间就形成了恶性循环。

如果在孩子成长的过程中,家长更关注的是孩子的学习成绩,至于孩子是不是爱劳动,是不是愿意付出,是不是懂得感恩,是不是拥有责任感,家长都不管不顾,帮孩子承担了这一切,结果往往使孩子产生了一种负罪感。

因为他一旦学习不好,就会认为爸爸妈妈为他做了这么多,他对得起谁啊。这种负罪感是会让孩子丧失学习动力的,一旦在学习中挫败,孩子就很有可能产生厌学心理甚至辍学。更重要的是,父母为孩子付出了太多,承担了太多,当孩子走入社会时,他会不懂得如何适应社会,只会用千倍万倍的精力和时间去弥补曾经父母替代他成长的那部分,还不一定能够补得上,这就会付出一生的代价。

所以家长们别再对孩子说"我所做的一切都是为了你"。让孩子去经历风雨吧,让孩子去面对挫折吧,坚信你的孩子一定能在风雨中成长,在挫折中能够历练得更加成熟。

06 教育孩子的希望全寄托在学校教育上吗

把教育孩子的希望完全寄托在学校教育上,这是一个非常普遍的社会现象,也是一部分家长在教育子女时犯的最严重的一个错误。有的家长把能否让孩子上最好的学校、能否给孩子找到更好的老师,当成头等大事,认为孩子只要成绩好就万事大吉,殊不知,这是一个极大的错误。

一个孩子的成长需要学校教育、社会教育和家庭教育三部分共同起作用。学校教育负责让孩子掌握学习的能力,为孩子的良好发展奠定基础。社会教育对孩子的影响有限。如果把孩子比作一棵树,孩子的身体发育是树干,学习成绩是果实,而树根是什么呢?是孩子的自尊、自信、责任感、进取能力、自我价值、良好品德,以及他的人生观、价值观、世界观。让这棵树长得高高大大、健康康康，是每个家长的希望。只有树根健康、坚固，这棵树才能茁壮成长。

孩子的自尊、责任感等，是学校教育和社会教育无法给予的，而一个孩子能否养成良好的生活习惯，这完全取决于父母平时的培养及言传身教。家庭教育在孩子成长过程中的作用不可或缺。学校教育不可能代替家庭教育。

我们在30多个省份近千所学校做过上万场公益演讲，对百万家庭做过调研，最后发现，家庭教育占子女成才教育的90%，学校教育占8%，社会教育仅仅占2%。家长们必须明白、重视的是：孩子是否有责任，是否爱劳动，是否有爱心……这都是孩子的树根，孩子即便身体长得高高大大，即便学习成绩非常好，但如果树根非常浅，那么稍微遇到一点儿挫折、磨难，这棵树就会轰然倒下。

家庭教育占到子女成才教育的90%，如果把教育孩子的所有希望寄托于学校乃至社会，这是一个极大的错误。我们在上篇中对10种家长类型进行过分析。如果你是乐于支配型家长，自然会培养出来自主能力非常差的孩子，他很容易失去自我。如果你是完美照料型家长、溺爱娇宠型家长，你自然会培养出一个不自信、依赖性极强的孩子。如果你是温室保护型家长，你的孩子容易成为一个爱抱怨的人。如果你是否定拒绝型家长，你的孩子会变得怯懦。如果你是粗心忽视型家长、挑衅残暴型家长，那么你极易养出一个敌对型的、抗拒型的孩子。如果你是自我专制型家长，你就容易培养出被动的、自卑的、没有主动性的孩子。

环境造就了人，而家庭环境是一个孩子成长过程中最重要的环境。教育不是你说什么，而是你在做什么，家长的言传身教将影响孩子的一生。不管你是否有意识去教，也不管你会不会教，你每天都在对孩子产生潜移默化的影响。

学校只能教给孩子知识，而孩子的情商部分，如人际沟通能力、管理情绪的能力、是否有同理心、是否有自主付出的意识等，都源于家庭，源于家长在生活中的一言一行。所以最重要的教育并不是发生在学校里、社会上，而是发生于家庭，父母才是永不退休的老师。

> 环境造就了人，而家庭环境是一个孩子成长过程中最重要的环境。教育不是你说什么，而是你在做什么，家长的言传身教将影响孩子的一生。

07　以自己的标准给孩子定目标合适吗

很多家长经常会依照自己的意愿和不切实际的想法，给孩子制定考试目标或者阶段性目标，比如说要考多少分以上、班级排名要在多少名等。这种做法最大的错误就是：完全不顾孩子是一个有独立个性、需要被尊重的人。每个孩子都是世上独一无二的存在，你的孩子一定有比别人强的地方，也一定有不如别人的地方。你不能一厢情愿地以自己的想法要求孩子必须做什么、怎么做，在定目标前了解孩子的教育环境、孩子的现状和潜力才是最重要的工作。

很多家长向我抱怨孩子的考试成绩不尽如人意。我就问他们，你们夫妻当年在学校的学习成绩到底怎么样？得到的回答大部分都是：其实，不瞒您说，当年我的成绩也不是特别好。有一项科学研究表明，超过 65% 的孩子的学习状态与其父母当年的学习状态正相关，也就是说，100 个孩子里面有 65 个孩子的学习状态和他们父母当年的学习状态是差不多的。如果你的孩子正好在这 65% 的范围之内，那么要求孩子达到你自己当年达不到的标准，恐怕就有点难度了。当然，如果你本身就很优秀，学习非常好，拥有高学历，可是你的孩子并不在这 65% 之内，这种状况你也得接受。如果每个孩子在学习上一定要比父母强，那么爱因斯坦的孩子在哪里呢？爱迪生的孩子现在成就如何呢？

请各位家长记住，拿自己的标准给孩子定目标，这不一定是科学的。不要把自己都实现不了的愿望强加在孩子身上，更不要拿自己曾经的优秀标准来要求孩子。

> 不要把自己都实现不了的愿望强加在孩子身上，更不要拿自己曾经的优秀标准来要求孩子。

你的孩子在某些方面一定会不如你的,但是,他将来在很多方面也一定会有所成就,如果只是盯着孩子的缺点或者学习的某一个方面,而没有全方位地看待孩子的成长,这对孩子来说是很不公平的,你也错失了能够在其他方面把孩子培养成才的机会。

08　物质刺激是激励孩子的重要方法吗

很多家长会把物质刺激当成激励孩子的重要方法，这样会给孩子的人生带来很多不可逆的影响。我们必须清楚的是，在人际关系中有三个层面，从低到高的维度依次是：控制、交换、尊重。尊重比较接近爱，而控制和交换都离爱非常远。家长经常用家长的权威来控制孩子，这是能量最低的管理模式，只能在短期内出现比较明显的效果。只要孩子进入青春期，心理能量提升到与成人不相上下的程度，家长的权威就会遭到挑战，而权威一旦失效，孩子就会像脱缰的野马，无法无天，家长自然就会没有办法，苦不堪言。

我在《觉醒父母：教育子女的8大智慧》里面讲过：爱是精神

> 爱是不带任何条件的，所有带条件的爱都是阴谋。

的，不是物质的，把物质刺激当成激励孩子的重要方法等于在做爱的交易。爱是不带任何条件的，所有带条件的爱都是阴谋。当家长把爱称斤论两、明码标价，作为驱动孩子学习的筹码时，孩子就不再相信这个世界会有真爱了。因为连他最亲爱的父母都给爱附加了各种各样的条件，这会让他感觉到父母的爱不是爱他本人，而是爱他在年级到底考了多少名，他有多听话。

> 我们曾经在训练营里面看到过这样的现象，孩子在开营的时候不下车，要求父母必须答应他给买部手机，他才会去参加训练营。后来我跟他的父母聊了一下，我发现这个孩子现在特别迷恋手机，而且在成长的过程里，家长都是用交易的方式促使孩子做事的，小学的时候还可以，但是到

==了初中，孩子就说不让玩手机就不去学校，跟家长谈各种各样的条件，让家长伤透了脑筋。==

设想一下，这样的孩子在未来也会带条件地去面对工作、面对生活、面对家庭、面对朋友、面对合作伙伴，而过度地讲条件，最后家庭会不幸福，事业会不顺利，朋友会少，他的人生也会失败。所以家长应该清楚，用物质交换作为激励孩子的手段，这种方法本身就是错误的，短期看似有效果，长期看危害无穷。

第一，孩子会变得非常功利，和别人相处总会采用交换的模式。他无法和同学建立真挚的友谊，无法获得真正的朋友。因为在他与别人相处的时候，总是想自己能得到些什么，而不是想自己愿意为同学、为朋友付出什么。

这样的孩子进入职场，会习惯性地和上司讨价还价，达不到预期收益便选择跳槽，因此他肯定得不到上司的好感，职场升迁会变得非常难。

最可怕的情形是，当父母老了，需要他照顾的时候，他同样会跟父母谈各种各样的物质条件，如果父母不能满足他的条件，那他很可能对父母不闻不问，不尽赡养的义务。

第二，过度的物质激励会误导孩子做事情的目的。

如果总用物质条件去激励孩子学习，孩子的欲望就会不断地被

> 如果总用物质条件去激励孩子学习，孩子的欲望就会不断地被放大，他的贪心慢慢会让他的生活、生命一点儿色彩都没有。

放大，他的贪心慢慢会让他的生活、生命一点儿色彩都没有。孩子上学的根本目的，往小一点儿说是为了个人的荣辱、家族的兴亡，往大一点儿说是为了报效祖国。志为气之帅，一个孩子的志向就是他人生的气血，他的精、气、神会滋养他的梦想，而家长长期拿着各种各样的奖赏当作给孩子的激励，会让孩子养成为了奖品而行动的习惯，会让孩子的生命动力、价值观，以及他做任何事情的主动性出现偏差，一旦孩子觉得这件事无利可图，他就会失去做事情的动力。

为什么学永远比怎么学重要。孩子的"为什么学"出了问题，那"怎么学"自然会出问题。

第三，家长将失去教育子女的主动权。

孩子的欲望不断增大，当家长无法满足孩子各种各样的物质需求时，再想要急刹车，已经晚了，此时家长对孩子会无可奈何。

亲爱的家长们,带着条件爱孩子,既不利于孩子成长,又不利于家庭和谐,甚至会对社会有危害。

这个世间一切无形的东西都会大于有形的东西,也就是说精神世界永远比物质世界更加强大,让孩子拥有自尊、自信、责任感、进取能力、自我价值、好的梦想和志向,比孩子拥有什么样的物质乃至好的成绩更加重要。

09　对孩子不闻不问会怎么样

如果在孩子习惯养成、性格形成的阶段,家长对孩子的关注太少,甚至对孩子的情感、困惑不闻不问,结果会怎么样呢?

孩子到了青春期,他的生理、心理都会发生很大变化,这时候的女孩如果受爸爸的关注比较少,与爸爸的身体接触、互动、沟通比较少,她就会处于缺爱的状态。这时,如果有一个男孩给她一点儿关心,给她一些理解,她会主动扑向男孩的怀抱,早恋自然就产生了。

男孩的妈妈如果对孩子陪伴比较少,或者经常批评孩子,这个男孩就容易缺失自我价值,要么变得叛逆,要么变得逆来顺受。

生活在爱中的孩子会善待这个世界,生活在打骂中的孩子会抱怨这个世界，生活在指责中的孩子会恨这个世界，生活在批评、没有自尊的环境下的孩子会报复这个世界。

人们常说，孩子有两种，一种是报恩的，一种是报仇的。报恩的孩子都是生活在爱中的孩子。有的电影里会有这样的情景：父母无论多么疲惫、多么难过，只要孩子一回来，他们就会说"亲爱的，你回来了。想吃点什么？"每当他们要和孩子分别的时候，妈妈总会俯下身子亲吻孩子的面颊说，"我会等着你回来"，非常温暖。亲爱的家长们，让我们想想：当我们跟孩子相处的时候，我们的表情、我们的语言、我们的态度、我们的情绪到底是什么样子的呢？对于孩子来说，父母的微笑、亲吻，以及父母对孩子温柔的语气比给孩子任何高档的玩具、任何华美的衣服都更加温暖。打骂固然对孩子伤害很大，但最让孩子受伤的不是打骂，而是无视，最强的暴力是冷暴力，是冷漠。

孩子能跟家长有效沟通的时间是非常少的，孩子可以真正表达自己内心世界的机会是很少的。作为家长，我们应该学一学如何跟孩子有效沟通，如何认真聆听孩子的语言，如何让孩子在表达的过程中引发更多的思考，如何让孩子感受到亲情到底多么重要，如何理解孩子、陪伴孩子，如何给予孩子他想要的关注。

10　对孩子的事什么都想知道会怎么样

这种情况常常发生在自我价值感不足、对孩子未来很焦虑的父母身上，尤其是母亲。孩子小时候总是黏着父母，做什么都需要父母；可现在孩子长大了，很多事不再需要父母，这让很多父母觉得自己不再重要，就会感觉很沮丧。尤其是把全部精力都放在孩子身上、忽略了老公、夫妻关系很淡漠的妈妈，她会不知所措，心里空空的，所以会用很多手段去刺探孩子的一切。

更有甚者，不少家长因为孩子放弃了自己的事业，把自己的价值都寄托在孩子身上。孩子就像一颗种子，他们在家庭的土壤中慢慢滋养，在爱的春风雨露中不断成长，在不断经历风雨的过程中让自己变得强大，在不断犯错误的过程中知道什么是正确的。强烈的亲子之爱，不是对孩子恒久的占有，而是一场得体的退出。

亲爱的家长们，孩子不该是我们生命中最重要的一部分，请把更多精力用于不断学习，提升自己，让自己的生活更充实、更有活力。

> 八年前，我在长春讲课，有一位50多岁的母亲，告诉我说她的孩子现在已经30多岁了，不愿意出去工作。这个孩子6岁多的时候，爸爸去世了，妈妈含辛茹苦地将他带大，什么都给他最好的。当年也有很多男人追求这位妈妈，但妈妈为了孩子的成长，她选择不再组建家庭。就这样，孩子上了大学后什么都不会，连洗衣服都不会，妈妈停薪留职，在孩子大学附近租了一间民房，照顾孩子。孩子大学毕业后，她又通过关系给孩子找到了一份很好的工作，但孩子根本处理不好职场关系，工作能力也不行，最后干脆辞掉了工作，待在家里"啃老"。当这位满头华发的妈妈哭着讲述这件事的时候，我便决定去见见这个孩子。跟孩子深入交流之后，我发现他毫无斗志，对未来没有任何期许，对人生充满了恐惧。我便说："从你的言谈举止中，能看出你是非常爱你的妈妈的。"他说："是的。"
> 我说："那你有没有想过，如果有一天你的妈妈老了、病

> 了甚至死了，你该怎么办？"他非常无助地跟我说："如果我妈妈真的死了，那我唯一的选择就是我也去死。"听到这句话，我真的很震惊。一个受过高等教育的孩子为什么会变成这样？

家长对孩子的爱是永久的，但家长对孩子生活的参与程度必须是递减的。在孩子的成长过程中，父母爱孩子的第一个任务是和孩子亲密互动，呵护孩子成长；第二个任务是和孩子分离，促进孩子独立。所有的爱都指向结合，只有亲子之爱是指向分离的。家长只有与孩子分离，孩子才能真正独立应对人生，那才是我们培养孩子的终极目标。

所以，亲爱的家长们，把焦点从孩子身上慢慢转回到自己身上吧，用科学的方式与孩子交流，与孩子接触，给孩子正确的陪伴。

> 在孩子的成长过程中，父母爱孩子的第一个任务是和孩子亲密互动，呵护孩子成长；第二个任务是和孩子分离，促进孩子独立。

11 鼓励对孩子有多大影响

当孩子在成绩上升的时候,或者孩子有什么事情做得特别好的时候,他是非常渴望跟父母分享的。当然在他遇到挫败的时候,他也更希望得到父母的支持。父母的鼓励和确认对孩子而言是最强有力的精神力量,这种力量可以支持他面对社会上的任何风雨。

我在《觉醒父母:教育子女的 8 大智慧》里讲过,鼓励孩子会让孩子拥有自驱力。人因为信任而变得忠诚,因为信任而变得伟大,而家长的鼓励会让孩子充满勇气去面对任何逆境。我总会跟家长举一个例子,假如你是家里的男主人,你从来不做菜,但今天是结婚纪念日,你给老婆做了几个菜,老婆并没有感受到你做菜的辛苦,而是吃了一口说:"你怎么放了这么多盐呀,你能不能少放一点儿盐呀。"于是，你自然而然就没有做菜的主动性了，甚至没有动力再为家人做菜了。如果换作会鼓励和表扬自己老公的老婆呢？她会做出一副非常幸福的样子说："老公呀，我简直太有福气了，你今天做的这个菜，是我吃过最好吃的菜，下次如果少放点盐，我相信这个菜就绝对能够达到厨师级的水平了。"这样你肯定下次还愿意做菜，而且做菜的时候一定会在心里想少放盐。这就是鼓励的作用。大人尚且如此，孩子就更渴望被鼓励了。鼓励会让孩子在做事的过程中，即便刚开始做得不好，也依然有美好的感觉和动力去坚持做到更好。鼓励的语言是有魅力的，它能给孩子美好的感觉。

亲爱的家长，当你郁闷不快乐的时候，你需不需要有人站在你身边为你加油？孩子也是有这种需要的。家长应该成为孩子的啦啦队员，不停地为孩子欢呼，给孩子鼓励。孩子好也罢不好也罢，你都要不停

> 鼓励会让孩子在做事的过程中，即便刚开始做得不好，也依然有美好的感觉和动力去坚持做到更好。

地在旁边为他加油。这个球进了，我为你欢呼，这个球没进，我继续为你鼓劲儿，让你拥有动力，在挫败中找到真正的方向，学会真正的方法。

其实最好的教育不是给孩子灌输了什么大道理，而是激发他内在的潜能。在孩子有退却心的时候、不快乐的时候，不断给他们鼓励、认可，让他们拥有更多的信心，不断前行。

有的家长也担心，成天表扬、赞美、鼓励孩子，会不会让孩子失去抗挫能力呢？其实这是一个天大的误区。正是因为社会上有各种各样的磨难和险恶，孩子才要加倍地从父母那里汲取精神上的力量。取得成绩时孩子跟我们分享喜悦，遇到挫败时我们给予孩子更多的温暖和支持。这份来自家庭的无条件的接纳，恰恰是孩子面对社会上的风霜雨雪时最强大的内心支持力。

如果孩子从父母那儿得不到鼓励、赞美和表扬，他的内心一定是无力的，他的人生遇到重大挑战时，他一定会力不从心。

12　经常斥责孩子能促使孩子改正缺点吗

所有的孩子几乎都有缺点,并且每个孩子都会在成长过程中显露缺点,然后校正,最后找到成功的方法的。同时,孩子的某些缺点,还是从父母或者其他重要的抚养人那里传承来的。当我们在指责孩子的缺点时,我们是否能够反思、反省,先看看孩子的缺点我们自己身上有没有?

有的家长自己身上有问题、有缺点,却不愿意面对,不愿意改变,又希望身边的人,特别是孩子身上不能有这样的缺点。这就是我们家长应该反思的一个误区。那些缺乏自信的家长,往往很难培养出真正具有自信的孩子。只有家长坚信自己是优秀的,才能看到孩子身上的优点,才能教育出优秀的孩子。所以经常看到孩子缺点的家长，首先要从自身下功夫，改正自己的缺点，让自己更具自信，自己提升了能量，自己成长了，才有能力教导孩子健康快乐、积极向上。

另外，我们必须明白，我们经常斥责孩子的缺点，其实并不会促使孩子改正缺点。没有人会因为被责备而去改变，一个人愿意改变是因为感受到了真正的爱。

> 没有人会因为被责备而去改变，一个人愿意改变是因为感受到了真正的爱。

我经常在培训的过程中问家长："爱孩子吗？"所有的家长都说爱孩子。我又问："如果孩子考试考得不好，你会批评他、指责他吗？"家长说："我当然要批评指责他了，他考得不好难道我还要表扬他吗？"

你的孩子每天早晨六七点就要起床，晚上十点多还在写作业，他辛辛苦苦学了这么长时间，结果考试没考好，你应该怎么说？

"爸爸妈妈知道你已经很努力了，一两次考试考不好也是非常正常的。所以没关系，下次努力。不管你考得好还是不好，爸爸妈妈都爱你。"当你的孩子听到这样的话时，他的内心会怎么想？爸爸妈妈这么爱我，我一定要更加努力，把学得不好的知识都学好。

可是有的家长不明白这个道理，一看到孩子考得不好，脸色马上就变得很难看。"就考这点分？你们班第一名是多少分？你是多少名？你上学在干什么？你怎么这么笨，我看你就不是个学习的料……"这样破坏性的语言，会给孩子的心灵造成极大的伤害。

孩子考得不好，他比任何人都难受。因为他是学习的主体，他自然而然会拿自己跟同学对比，自然而然会认为自己对不起父母。家长应该学会正面鼓励孩子，而不是动不动就批评、斥责。

13　父母对教育孩子意见不统一怎么办

在教育子女的过程中，父母如果看法不同或者方法不同，都是非常正常的，但是教育目的一定是相同的，那就是培养出有自尊、有自信、有责任感、积极向上的孩子。

其实条条大路通罗马，只要能够达到目的，什么方法都可以用，但是如何衡量方法是有效果的呢？在这里我们给大家几个标准。

第一个标准：当你教育子女之后，孩子的情绪是变得更好了，还是更糟了？如果他的情绪变得更好了，说明你的教育方式是对的，如果孩子的情绪变得更糟糕了，那就说明这次的教育是无效的，是失败的。

第二个标准：当你教育子女之后，你跟孩子的关系是更加融洽了，还是更加疏远了？很多家长在教育子女的时候，初衷是好的，但是方法出现了问题，让亲子关系变得越来越疏远，家长和孩子的心离得越来越远，这就需要家长们注意和调整了。所有人际沟通中，关系大于一切，没有好的关系，效果就无从谈起。

第三个标准：在你的教育中孩子有没有真正得到成长？如果你在教育子女的过程中，眼前的问题是解决了，但是下一次孩子又出现了同样的问题，或者你已经教育了很多次，但孩子并没有真正改变，说明这种教育方法一定是错的，你需要改变了。

第四个标准，也是最重要的标准：你解决问题的方式是不是有建设性？有建设性的解决方式会着眼于将来怎么办，发泄情绪的解决方式是着眼于事情为什么会发生。很多家长在情绪中解决问题，只会制

> 有建设性的解决方式会着眼于将来怎么办，发泄情绪的解决方式是着眼于事情为什么会发生。很多家长在情绪中解决问题，只会制造出更多的问题。

造出更多的问题。所以家长和我交流的时候，我会问他现在是否带情绪，如果他说是带情绪的，我会说："在情绪中我是不会和你交流的，你平复好你的情绪后我们再交流。"因为人处于激进情绪中时，大脑是根本没有逻辑思维的，是不考虑后果的。所以家长们记住，不要在带着情绪的情况下解决任何问题。问题既然已经发生，再追问为什么就没有任何意义了。怎样在将来的人生中避免同样的问题发生，才是真正有意义的方向。

上面提到的四个标准，可帮助家长衡量自己在教育孩子的行为和方法中到底有没有偏差。

接下来，我们就夫妻双方协商解决教育子女问题情况，给出几个原则。

第一个原则：避免正面冲突。我们应该尽量做到妥善解决两个人的关系，避免任何正面冲突，特别是不要用指责对方的方式来解决问题，尤其当孩子在场时，更应该尽量避免正面冲突，有问题一定要在孩子不在的情况下协商解决。

第二个原则：夫妻之间一定要有更多的交流。作为父母，我们都是爱孩子的，都希望孩子将来变得更好。这个出发点，所有的家长一定是一致的，只不过在教育子女的过程中，可能采用的方法不同。既然方法不同，我们就要想办法让对方理解自己的方法，让彼此的方法变得更加统一，这就需要更多的交流。其实只要夫妻之间有更多的交流，很多冲突都是可以避免的。

第三个原则：多学习家庭教育的相关知识。几乎没有人是系统地学完家庭教育知识之后，才把孩子带到这个世界的，而孩子在成长的过程中一定会出现各种各样的问题，这时候家长们如果不去学习，或者只是用自己的父母曾经的教育方式来教育孩子，这都是不科学的。这样的话，孩子就成了摸索试错的实验品。所以，家长应该尽量多学习正确的家庭教育方式和方法。

另外，我们不仅要学习教育子女的智慧，还要学习夫妻相处的智慧。事实上，很多夫妻在教育孩子时总有争执，表面上是双方意见不统一，而背后真正的原因是双方关于婚姻的价值观不一致。一个男人和一个女人走到一起，组成家庭，这个家庭一定大于任何一个独立个体，会有一个共同的目标，就是让这个家庭变得更好。在教养子女方面，双方共同的目标就是让孩子尽早成为一个独立的人，一个有爱心、有责任感、懂得付出、积极阳光的人。

所以，夫妻之间不应该是要求你听我的，或者我控制你，而是彼此成为愿意把生命托付给对方一辈子的合作伙伴，双方共同学习，共同成长，让家庭充满爱，让孩子感受到爱。

14　父母经常吵架对孩子有什么影响

其实成年人之间的争吵，不管是谁赢了，最终输掉的一定是孩子。仔细想一下，对每一个人来说，无论我们走向天南海北，无论我们贫穷或富贵，家都是我们的归途，因为家有爱和温暖，有我们最牵挂的人。而对于孩子来说，家的样子，就是父母的样子。

如果在这个家里，父母经常在孩子面前吵架，孩子会变得没有安全感。没有安全感的孩子是没有足够的自信面对外面的世界的。不仅如此，我们在对近百万家庭的了解过程中发现，父母关系不和睦、经常吵架的家庭，通常孩子会出现自卑、没有学习欲望、没有生命动力等不好的现象。

父母经常吵架带给孩子更大的恶果是，孩子结婚后夫妻关系多半也不会和谐。心理学研究表明，80%以上的孩子会重复父母的互动模式，并且会延续父母的不幸。经常在家里吵架的家长有一个共同点：习惯表达分歧和冲突，而不是直接表达爱、理解和欣赏。而家长这种看待事情的角度、分析问题的思维模式和处理问题的方式都会传给下一代。

那么，如果吵架已然伤害到孩子，家长应该如何采取补救措施把对孩子的负面伤害降到最低？在这里我给大家几点建议。

第一，不要冷战。冷战对孩子造成的心理伤害是最大的，因为在一个互相不搭理、空气都凝结的环境里，孩子只会不知所措，脆弱自卑。

第二，夫妻间不要在孩子面前说彼此的不是。父母吵架是上一辈之间的事情，不要牵扯到孩子。很多妈妈都喜欢在吵架后把孩子拉过来当自己的同盟军，让孩子和自己一起去仇视丈夫，这样做的后果是很严重的，如果是女儿的话，她长大后可能会不懂得如何与男性相处，如果是儿子的话，他可能会永远缺乏奋斗的力量，总是在最需要拼搏的时候力不从心。

其实对于孩子来说，爸爸和妈妈是一样重要的，无论哪一方对对方进行指责，都是在深深地伤害着孩子。有一句话是这样说的：当你把一支毒箭射向对方时，它必定先穿过孩子的心。所以亲爱的家长们，一定要清楚，夫妻的问题就想办法两个人一起解决，而不是把两个人的问题变成三个人的问题，白白搭上孩子的一生。

第三，经常吵架的家长需要共同学习。孩子的高情商源于父母的高情商，80% 以上的孩子会重复父母与他人的互动关系。孩子会从父母那里学来一些不恰当的处理问题的方式，这会给孩子未来的生活和工作带来非常多的困惑和麻烦，无形中降低孩子的幸福度。其实夫妻生活中双方存在观念差异是一件正常的事情，但是因意见的不同而吵架是成年人不成熟的表现。如果你感觉到在这方面自己有所欠缺，那就应该抓紧时间去学习了，学习如何有效管理自己的情绪、如何让夫妻的感情升温、如何理性地处理各种各样的差异或者冲突、如何通过自己的改变去影响孩子。

有这样一句话：一个父亲能给孩子最好的礼物，就是去爱他的母亲。而反过来也同样适用，一个母亲给孩子最好的礼物，就是去爱他的父亲。著名教育家蒙台梭利说过，我们对儿童所做的一切，都会开花结果。不仅影响他的一生，也决定他的一生。亲爱的家长，你愿意为了你的孩子变成一个能够理性处理情绪的成年人吗？

15　家长有明确的生活目标有利于教养吗

每年我们都会到学校给初中生、高中生做关于人生目标的讲座，在这一过程中我们发现一个问题：很多孩子对自己的未来都没有规划，人生没有目标。

这些正值花季的少年是家庭的未来、民族的希望，他们大多数人却活在一种完全没有目标的生活中，浑浑噩噩，就像没有舵的船，只能在人生的大海上随波逐流。

为什么会这样呢？因为大部分家长在自己成长的过程中，父母没有给他们设立过明确的人生目标，也没有对他们的职业给过正确的引导，父母认为他们只要能够考上一所好大学、找到一份好工作就可以了，所以当他们成为家长之后，他们自然也很少会帮孩子思考人生目标，指引孩子规划人生。

不少目标迷茫的人，人到中年，生活便会陷入一潭死水，没有激情。最麻烦的是，家长一旦没有人生目标，会直接影响到孩子，孩子往往也缺乏人生目标。

有的家长说："我已经这把年纪了，也就这个样子了。""我都40岁了，还学什么东西呢？"父母这样的语言乃至行为模式，会对孩子的自信心、自尊心、进取能力、自我价值造成影响。当孩子看到父母都是这样浑浑噩噩的，他也容易有样学样，混一天算一天。

如果你想让孩子有一个明确的目标，那么你自己必须先有明确的生活目标，或许你已经有房、有车、有稳定的工作，那不妨把你的人生目标定高一点儿，不仅仅为自己的小家活着，当你开始关注周围人的幸福时，你的生活才会变得有意义。

比如你可以立志成为一个专业的亲子导师，帮助身边更多的家长掌握正确的家庭教育理念，让更多的人因为你变得家庭更和睦、生活更幸福。亲爱的家长，我相信，如果你有了更远大的目标，你自然会让身边的人因为这一目标而受益，你自然会成为为社会带来正能量的人。帮助了别人，成就了自己，这样的家长一定会是孩子最好的榜样。

16　家长的情绪跟着孩子的分数走怎么办

有一项研究表明，在导致一个人成功的因素中，上什么学校，学什么专业，仅仅占不到15%，而超过85%的因素都是孩子是否有情商，是否有逆商，是否有积极主动的性格，等等。这一部分是学校想教也教不了的，几乎全都源于家庭教育。如果家长把百分之百的精力投放在那不到15%的地方，就等于是抢占了老师的工作，而没有干好自己该干的事，这样的家庭教育注定是不会成功的。

很多家长的情绪会随着孩子的分数上上下下。孩子考得好，家长就很开心；孩子考得不好，家长比孩子还难过。家长把所有的注意力都放在孩子的学习成绩上，天天都在关注孩子到底进步了多少名，退后了多少分。可是，如果把人生比作一次长途旅行，孩子们都坐在一辆列车上，考得好，就算考上清华北大，他最多是坐的这辆列车的软卧；孩子考上普通一本院校，他坐的是硬卧；孩子考上二本、三本院校，他坐的是硬座；就算孩子没考上大学，他也最多只是买了张站票。

当这辆列车停靠在人生的下一站时，不是所有人都会看这个孩子到底是坐什么座位来的，也有人会看这个孩子有没有爱心，有没有责任，懂不懂得感恩，是否愿意付出，是否积极向上，是否阳光。如果你的孩子的自信仅仅建立在他考上了什么样的大学，或者他拥有什么样的文凭，那么等他真正走入社会之后，大家不比拼学习成绩了，而比拼多方面的综合能力，你的孩子不具备这样的能力，他的自信就会土崩瓦解。所以，家长不应过多地看重成绩。更重要的是，孩子考试考得不好，这是一件非常正常的事，甚至可以说是一件天大的好事。

为什么呢？因为只有在考得不好的时候，孩子才能找到自己哪些地方基础知识不牢，哪些运算规律没有掌握，在哪一个地方粗心大意了，这样才能有针对性地加以提升。所以，家长和孩子都必须明白，任何一次考试的目的，都是找到孩子在学习中的漏洞在哪里、问题在哪里。找到漏洞，找到问题，有针对性地加以解决，孩子才能真正掌握所学的知识。

更何况，当孩子考得不好的时候，他心里本身就会有一种自我责备的感觉。这个时候的孩子更需要的是家长对他的正面确认，帮他找到自己的优势，并且拥有持续的学习动力。如果家长的情绪跟着孩子的学习成绩上下起伏，孩子成绩不好了，家长情绪就低落，孩子自然而然就会恐惧学习。很多孩子对我说："老师，我每次考试前，精神都特别焦虑紧张，还伴有失眠的现象。每一次考试的时候，我一拿到考卷，大脑就一片空白，就感觉好像什么都不会。特别是每一次考试完之后，成绩出来前，我内心都特别忐忑。如果考得不好，就会感觉世界末日来了。"

这就是我们太关注孩子的成绩，给孩子造成的考试前、考试中和考试后的心理和生理的各种反应。这些不良反应都会影响孩子的能力发挥。也就是说，家长越关注孩子的成绩，孩子可能越考得不好。在考试前情绪良好的孩子，他的临场发挥成绩要比他平时的学习成绩至少高 5%。而在考试之前内心有恐惧感、有压力的孩

> 在考试前情绪良好的孩子，他的临场发挥要比他平时的学习能力至少高 5%。

子,他在考试过程中的发挥程度要比他平时学习成绩至少降低 5%～10%。

有一个公式:学习成绩＝学习能力×学习心态。什么意思呢?就是好的学习成绩取决于学习能力和学习心态。如果这个孩子能考 100 分,那么学习能力占 10 分,学习心态占 10 分。我们光注重孩子学习能力的培养,如果他的学习心态是零,那他学习能力再强,最后的结局也是不好的。所以,家长们不要只看分数,要首先让自己的心情不被分数左右,然后才能帮助孩子调整心态。

17 为什么给了孩子最好的，孩子还是不努力学习

很多家长问我："戴老师，我给孩子吃的是最好的，穿的是最好的，用的是最好的，选的学校是最好的，但是孩子并不能真正努力地学习，这到底是为什么呢？"

每当家长问我类似的问题，我就反问家长：你的孩子学习的动机是什么？和物质条件有多大关联？你给孩子的是孩子想要的吗？孩子的终极追求是什么？

在马斯洛的需求层次论中，人的需求分为五个层次，从最低层次到最高层次分别是：生理需求、安全需求、社交需求、尊重需求、自我实现需求。人的需求层次有这样几个特点：

第一，越是低层次的需求，驱动力就越大。

第二，每一层次的需求得到满足后，就会自动提升到更高一个层次的需求。

第三，前三个层级的需求都叫生存的需求，第四、第五层次的需求是人类的成长需求。

具体而言，生理需求和安全感需求就是与人们生存及稳定感相关的需求。家长给孩子吃最好的，穿最好的，用最好的，为孩子买学区房，提供最好的学习条件，这些对于孩子来说基本上都是前两层需求。

前两层需求得到了满足，孩子的需求就会自动提升到第三个层次：社交需求。在这个层次中，孩子希望与他人交往时，能被人尊重、被人理解、被人接纳、被人认同、被人爱、被人需要，孩子渴望在人际关系中获得价值感以及自我归属感。如果这个层次的需求得到满足，孩子就会自发地产生对成就感的追求，愿意参与各种各样的竞争，自然而然就会有进取心，这样的孩子自然就会自我激励，会为自己的将来努力奋斗。

讲到这里我们应该就明白了，为什么满足孩子的物质需求，孩子却不一定能好好学习，因为孩子的第三层次的需求没有得到满足。家长会不同意，他们会说，我们很爱孩子呀。我想问一句：你会爱孩子吗？

一个孩子幸福和快乐的最终来源是什么呢?是价值感和自我实现。

家长经常对孩子说:"妈妈爸爸这么努力、这么辛苦,全都是为了你呀,你什么都不要干,只要努力学好就可以了。"你知道吗?孩子对于这句话的理解多半是这样的:你管我吃管我喝是正常的,谁让你把我生下来的,我每天好好努力学习都是为了你。所以孩子全部的价值感都源于学习,一旦学习成绩不好,他的整个生命动力都会出现问题,他会陷入自我怀疑、自我否定状态,只会更加厌恶学习。

我每一次到会宁去讲课都深有感触,因为那里家庭年均收入都不是很高,孩子们的学习、生活条件远远比不上一线城市,但会宁是西北教育名县,有"西北高考状元县"和"博士之乡"的称号,2020 年会宁的高考一本录取率达 32.6%。

为什么这里的生存环境、教育环境、教学质量不高,这里的孩子却学得这么好呢?就是因为他们有生命动力,这个生命动力源于他们的父母给他们的责任。他们的父母是这么说的:"孩子,我们家里面非常贫穷,因为我们没知识、没文化,你只有好好学习,学好了你就能够改变命运,过和我们不一样的人生。"

而有的家长给孩子最好的条件,让孩子只管好好学习,这就使孩子少了一份责任感。人这一辈子之所以有价值,是因为有人给他位置，让他懂得承担。一个没有责任感的人永远会把自己当成受害者，也永远不会实现自我的价值。所以，亲爱的家长，如果你真的爱孩子，就赋予孩子价值，给他责任感，让他有担当。

被爱者能感受到的爱才叫爱。家长真正学会爱孩子，激发出孩子的生命动力，孩子自然而然"不用扬鞭自奋蹄"了。

> 人这一辈子之所以有价值，是因为有人给他位置，让他懂得承担。

18　为什么孩子能听懂道理却故意不去做

很多家长跟我抱怨，认为孩子能够听懂他的道理却故意不去做。其实在人与人的沟通中，讲道理、说教是最大的绊脚石。当我们在和孩子交流的时候，第一步一定是表达我们的感受或同理孩子的感受，在孩子情绪得到舒缓之前，再正确的道理也没有办法进入孩子内心。

很多妈妈告诉我："我的孩子以前还听话，可是渐渐大了，反而我说什么他反感什么，再后来变成了我都不敢说什么，我只要一说就会有战争。"这说明孩子已经积累了很多负面情绪了。

在孩子已经有负面情绪的情况下，家长如果看不到孩子有情绪，或者不接纳孩子的情绪，只是一味地说教，孩子只会更加不耐烦，甚至会愤怒，最后导致你们的关系变差。我曾经在朋友圈里面看过这样一句话，在两个人的互相交流过程中，实际上有六个人在参与交流的过程，这六个人分别是你以为的你、你以为的他、真正的你、真正的他、他以为的你、他以为的他。如果我们不能找到真实的自己和真实的对方，那就很容易产生误会。所以我经常跟家长说："你以为你以为的就是你以为的吗？"

如果你真的想理解孩子，那你必须做到以下三点。第一，跟孩子交流的时候都请蹲下来，跟孩子平视，让孩子感到你尊重他。第二，你要站在孩子的年龄和背景角度去考虑问题。第三，当你发现孩子的优点时，你一定要表达出来，并且一定要向他学习，这样能让他感觉到自己有价值，这样你就会慢慢地走近他。

19 孩子的学习成绩与家长的文化水平有必然联系吗

很多家长会认为孩子的学习成绩与自己的文化水平有必然的联系，这种想法有没有道理呢？其实从某个角度来看是有道理的，但是换个角度又不一定有道理。

比如，从遗传角度来讲，孩子的学习成绩与父母当年的学习成绩有一定的关联度。但是孩子的潜能是不可限量的，只要教育方法得当，孩子的潜能就能得到最大程度的突破。

科学研究表明：当孩子处于愉悦状态下学习的时候，他的大脑会分泌脑内吗啡和血清素，在两种物质的作用下，孩子的肌肉会变得很放松，内心会很宁静，大脑的记忆蛋白被激活，记忆力水平会比平均水平高出 7 倍，同时，孩子的注意力集中，专心程度会更高。也就是说，孩子的潜能在愉悦的状态下会被极大地开发，这时候孩子会更乐于竞争，愿意进取，会有更高的学习效率。

而当孩子在痛苦、紧张、烦躁、焦虑的情绪下学习时，身体会分泌很多肾上腺素和去甲肾上腺素，这两种物质会抑制孩子负责学习的那部分大脑的活跃度，让孩子的大脑变得一片空白，出现精神涣散的情况。所以，孩子的学习成绩其实跟家长的文化水平没有太大关联。在现实生活中，我们往往看到一些高知群体，甚至是一些老师，他们也不一定能把自己的孩子教育好，这是为什么呢？通过大量的研究，我们发现了两个问题。第一个问题是：这些家长对孩子的功课具有辅导的能力，在孩子不会做功课的时候，他们能直接帮助孩子，这样反倒让孩子没有学习的主动性了。更有甚者，很多家长会说"这么简单的题你都不会"，其实这些家长不知道，对于自己来说很简单的题目，对孩子来说真的非常难。当家长限制了孩子的学习能力或者打击了孩子的学习意愿时，孩子的这门功课往往就出了问题。

第二个问题是，不少家长自身太优秀了，当孩子遇到任何问题的时候，他们就会给孩子指出来，或者替代孩子去做，这让孩子失去了自驱力，在学习中找不到胜任感。

而有一些自身不那么优秀的家长，他们在孩子稍微有一点儿成绩、有一点儿进步的时候，就会不断地确认，对孩子说："孩子你太棒了，妈妈都不如你，妈妈像你这么大的时候根本就不懂这些东西，妈妈太为你感到骄傲了。"这个时候孩子会有胜任感，他为自己做的每一件事都找到了价值和意义，自然就有动力继续努力了。

　　家长的文化程度高低跟是否能培养出一个优秀的孩子没有太大关联。家长只要懂得如何表扬、如何理解、如何陪伴、如何确认、如何批评、如何有效沟通，就够了。

20　无微不至的照顾就是关心孩子吗

中国的家长是世界上最辛苦的家长，起得比谁都要早，为孩子做饭，晚上放弃休闲娱乐的时间，陪着孩子读书，周末也不放松，要带孩子上兴趣班。可以说，中国的父母时时刻刻都在关心孩子，在为孩子忙碌着。但是我们忽略了一个重要问题，就是在这样的精心呵护下，孩子成了一朵经受不住任何风雨的娇花。

有的家长从衣食住行各个方面对孩子照顾得无微不至，什么事都不要孩子去做，只要孩子好好学习就可以了。这样的爱看似是为了孩子好，事实上却是一把温柔的刀，杀人不见血。在父母的照料下，孩子会过得很好，可孩子一旦离开了父母，就会变成一个无法生存的"巨婴"。

有一次一位家长找到我,说他的孩子现在一事无成,我就问她:"孩子小时候,你是怎么关心他的呢?"这位妈妈回忆道,孩子第一次系鞋带的时候,不小心打了个死结,从此她就再也没给孩子买过系鞋带的鞋,因为她害怕孩子将鞋带再次打成死结时,自己不在孩子身边;孩子一次洗碗不小心弄伤了手,从此她就再也没让孩子做家务,因为她害怕孩子在做家务的过程中再次受到伤害;孩子上小学时,她每天很早就起来帮孩子整理书包,亲自送孩子上学,风雨无阻;孩子上中学时,她对孩子生活中的一切细节都非常关心,甚至孩子日记里写的什么她都要知道;当孩子参加学校组织的旅游活动时,她除了亲自打理旅游用品外,还暗自跟着孩子,担心发生意外;孩子大学毕业后,她为了帮助孩子找工作,动用了所有自己能用到的关系,让孩子得到了他人梦寐以求的好工作;可孩子工作后办事能力差,处处碰壁,领导和同事们都看不起他,他的个人生活也很不幸,因为他只关注自己的感受,从来不懂关心别人。

我们总是一厢情愿地认为孩子现在还小,孩子长大以后自然就会把事做好了。殊不知,生命中的每一段经历都会给孩子的人生刻下深深的烙印。越小时候的烙印越深刻，对于孩子的一生影响就越深远。家长过分地照料孩子，越俎代庖，不让孩子承受人生中的种种磨难，孩子会变得非常幼稚，依赖性很强，他们走出了校园，走进了社会，也没有任何生活中积累的经验和能力，在挫折面前毫无斗志，只会更加懦弱，很难有在社会上独立生存的能力。家长今天的行为代替了孩子的任何成长，在未来孩子必将为此付出更大的代价。

21　上速成班有没有用

有的家长总是迷信各种补习班、速成班，觉得孩子成绩差了，送到这样的班里补一补，就能提升成绩。

其实，我们所说的孩子成才，不仅仅是学习知识、获取文凭，更重要的是心灵成长。而心灵方面的成长，是没有速成之路的，需要家长和孩子共同努力。孩子的心智需要在父母的爱与智慧的陪伴下一点一点地成熟。

教育的根本目的是什么？就是让孩子通过学习，不仅仅掌握知识，更要掌握学习的能力，并且在这个过程中成为一个有自尊、有自信、有责任感、有进取能力、有好的品德和生活习惯的人。

如果孩子花了大量的时间学习各种知识，空有漂亮的分数，却没有良好的品行和能力，那他真的能过得幸福吗？

如果把孩子比作一棵树，树干是孩子的身体，树上的果实是孩子的成绩，那么树根是什么呢？树根就是孩子的自尊心、自信心、责任感、进取能力、自我价值、好的品德和生活习惯。一个孩子的人生之路能否走得长远，他人生是否幸福，源于树根是否扎得深，而不是果实有多大。而根的教育在于父母教育，在于家庭环境。孩子如果学习成绩不理想，我们更应该了解的是孩子的学习心态，以及孩子的学习能力怎么样。我们不反对让孩子参加一些补习班、速成班，但是，当你的孩子学习能力不足、学习心态不好的时候，仅仅想让孩子通过参加各种速成班提升成绩，这一定是事倍功半的。

教育是根雕的艺术，想让孩子成才，必须从根上下功夫。我们反复提到一个公式：学习成绩＝学习能力×学习心态。一

> 一个孩子的人生之路能否走得长远，他人生是否幸福，源于树根是否扎得深，而不是果实有多大。

个孩子如果想提升学习成绩，首先要有良好的学习心态，就是他得有自尊、自信，有责任感，有进取能力，能看到自我的价值，知道自己为什么学，能从学习中找到快乐，能正视学习中的挫折。在这些方面，家长要对孩子做正面引导，同时能及时发现孩子的学习心态是否出了问题，并找到问题根源及解决方法。其次，孩子需要增强学习能力，这一部分主要靠学校教育了。孩子掌握了正确的方法，有了较强的学习能力，等他离开学校，走入社会，依然能从容应对不断变化的社会环境。

22　孩子学习时必须有人看着吗

全国妇联发布的第二次全国家庭教育现状调查结果显示，多数家长都存在着不同程度的教育方面焦虑，他们过度关注孩子的学习。在接受调查的人当中，超过七成的家长会陪伴孩子写作业，超过四成的家长认为学校给孩子的学业负担太重了，要求减负。但是当学校做出减负举措后，家长们又没办法缓解自己的焦虑情绪，补课蔚然成风，反而增加了孩子们的负担。而2021年"双减"政策逐步落实之后，面临上不了补习班的局面，部分家长的焦虑情绪进一步加重了。

不少家长曾在朋友圈里或者各种论坛里吐槽他们陪伴孩子写作业的"辛酸史"，陪孩子写作业似乎成了家长群体共同的烦恼。

其实，家长们付出了大量的时间、精力陪孩子学习，不一定真的有效果，甚至会适得其反。不管是检查作业，还是熬夜陪读，你会发现有很多时候确实事倍功半。孩子原来的那些毛病一点儿都没有改变，反倒更加依赖家长，学习的主动性更弱了，遇到一道题不会做，自己也不思考了，马上就说："妈妈那你教我，这该怎么办？"陪孩子学习就像想握住手中的沙，往往有时候手握得越紧，沙漏得越多越快。

各位家长，我们必须明确一点：学习到底是谁的事？学习是孩子的事，所以必须把学习的责任交给孩子，让他为自己的结果负责。这是培养孩子责任感、独立的学习能力，以及学习兴趣的重要方式。

其实有很多家长并不一定真的需要看着孩子写作业，他们只是在内心深处不相信孩子有自主学习的能力，担心孩子脱离了家长的掌控或者视线，就不会主动学习了。他们只有盯着孩子，自己内心才有安

> 学习是孩子的事，所以必须把学习的责任交给孩子，让他为自己的结果负责。

全感，焦虑才会得以缓解。

这样做可以说对孩子的学习有百害无一利。设想一下，如果你一天到晚都在领导的高度关注下工作，你会更加放松还是更加紧张？反过来说，你在放松的时候工作效率高还是紧张的时候工作效率高？你是在放松的时候心情更加平和，还是紧张的时候心情更加平和？

那么，孩子天天在家长的"虎视眈眈"之下学习，他对学习这件事的感觉到底是更好还是更糟呢？

孩子在学习的过程中，家长就像裁判一样盯着他，他做得好了，不一定得到表扬，但是做得不好了，马上就会被批评教导。这个时候孩子自然而然感觉到学习是痛苦的，一旦他失去了学习动力、学习兴趣，再优秀的老师也教不好他了。所以亲爱的家长们，让我们把学习的责任和兴趣还给孩子，让孩子为自己的学业负责吧。

23　家长身体力行对孩子有多重要

很多家长都问我，我们教育子女真正的核心到底是什么。其实六个字就能解决问题：身教胜于言传。在孩子成长的过程中，家长说什么对他的影响并不大，但是家长做什么对他的影响是决定性的。

作为父母，我们都希望孩子诚实善良，所以经常对孩子提出要求：要成为一个正直、诚实的人，爸爸什么都可以容忍你，但是你一定不能说谎。我们都知道"身教胜于言传"，可事实上，亲爱的家长，你在孩子面前甚至别人面前说过谎吗？在教育孩子的过程中，很多父母需要思考一下，自己是不是能以身作则。

比如我们不喜欢孩子经常看手机、玩电脑，但是我们自己的业余生活几乎都耗在手机和电脑上；我们希望孩子不要固执，可我们自己常常听不进去别人的劝告；我们希望孩子不要动不动就发脾气，可我们自己在家总会随意地发泄情绪，把最难看的嘴脸、最恶毒的言辞给了自己的爱人、孩子。

另外一个方面，我们希望孩子做的事情，自己却很少做。比如我们希望孩子闲暇时多读书，可我们自己十几年来又读过几本书呢？

我们希望孩子有目标有追求，可我们自己三四十岁就已经开始日复一日地混，甚至放弃了人生的目标和追求。我经常问家长：做过你接下来人生的十年规划吗？有想过你到 60 岁时成为什么样的人吗？家长没有目标，孩子的人生又何来目标呢？

我们希望孩子懂得感恩，可我们向天天奔波在外的老公表示过感恩吗？向又要上班又要带孩子还要操持家务的老婆表示过感恩吗？我们是否把对方的付出都当成理所当然、天经地义的事情了？

我们希望孩子尊敬老人，可我们对自己的父母有足够的尊重与关爱吗？

当我们在家庭里推行两套标准的时候，孩子只会看我们做什么，不会听我们说什么。当我们因为孩子做不到我们要求的标准而责骂孩子的时候，孩子内心一定会抵触，年纪小的孩子可能不会有明显的反抗，但当孩子到了青春期，他一定不愿意听你说的话，他会认为你所表达的和你所做的都是带条件的，都是有问题的，你自己都没做到，凭什么要求他呢。这就是很多家长体会到孩子一到十三四岁就开始对抗，有抵触情绪，甚至不愿听家长表达的根本原因。

当觉得孩子不够优秀的时候，当觉得孩子有这样那样缺点的时候，家长们请问问自己，孩子的这些缺点是从哪里学来的？我们真的想让他改掉这些缺点吗？那么我们应该从我们自己身上先找到问题，把自己的问题解决了，孩子自然而然就容易变好。

24　要不要让孩子做家务

不少家长溺爱孩子，认为孩子还小，只需要快乐地玩耍、认真地学习就好，不需要参与家务劳动。所以，很多孩子应该自己学会做的事，家长都代替孩子做了。

寒暑假里，很多孩子在家里除了学习，就是睡觉、吃饭、看电视或者上网，甚至只是闲待着，什么也不干。而家长忙完工作的事，还要忙家务事，常常忙到深夜都无法休息。

据一些小学的德育教师反映，学校每年都会组织学生去参加劳动实践，总有一些家长怕孩子晒黑了、累着了，干脆让孩子请假不去。

结果，孩子不会洗衣服、不会做饭、不会开煤气开关……总之，一切家务劳动与他们无关。

孩子不爱劳动，不仅自理能力差，还会变得自私。他发现自己待在家里除了吃饭、睡觉、学习外，无事可做。当他在家里没有任何事可以承担的时候，他就缺失了一种能力——责任心。

一个没有责任心的孩子比狼还可怕。很多家长总是充满疑惑地问我："我对他那么好，让他吃最好的，穿最好的，给他最好的生活环境。为什么他到了十五六岁却跟我反目成仇，对我恶语相向，甚至离家出走？"

每当听到这些话，我总会问他们："你是不是不太让孩子干活儿？"

他们总是说："是啊，我觉得这些事应该是我干的。"

我说："你这样做只会适得其反。因为孩子没有养成爱劳动的习惯，他在家里面就没有事情可干。因为孩子在家里面不用承担责任，所以他的自尊心、自我价值就没有办法在家里得到体现。因为孩子的自尊心和自我价值没有办法得到体现，所以他在家里就变得非常没有存在感，他会认为自己对于家庭只是一个寄生动物，这会让他对家长产生敌对心理。"

家长要切记一点，不要代替孩子的成长！你今天代替孩子成长，未来，孩子在工作、生活中就会到处碰壁：由于他自私、不愿意动手做事，他在单位里没有办法让同事喜欢；因为他没有办法对别人付出，别人自然就会很少对他有付出；因为他在家里面不喜欢干活儿，所以当他有了自己的家庭时，就会因为懒惰与另一半产生矛盾。所以，如果家长希望孩子成年后过得幸福，就不要再越俎代庖了。

那么，哪些家务是孩子能够做且应该做的呢？我在这里将北京市家庭教育研究会制订的与小学生生活自理能力有关的标准罗列出来，供家长参考：学会穿衣服、脱衣服，把衣服摆放整齐，学会叠被子，逐渐学会整理房间；学会安排课余生活，养成回家主动做作业的习惯；学会合理地收看电视、收听广播节目；学会随天气变化安排衣着；学会准备简单的食物，协助家长做饭前的辅助劳动，学会做简单的饭菜，学会识别食物的保质期；学会自我清洁，及做一些简单的家务劳动，比如洗头、洗脚、洗小件衣物，逐步学会使用洗衣机；学会自己独立上下学，独立出行；学会购买简单的物品。

我相信，如果孩子在小学阶段能够做到以上八点，那么孩子的生活习惯、学习习惯就会非常好。

要让不爱做家务的孩子改掉坏习惯是很不容易的。家长要想尽办法让孩子觉得做家务是一件快乐的事，是一种游戏。当孩子出现不耐烦、不愿意的情绪时，家长要有耐心，要给孩子改变的时间。因为，只有让孩子心情愉快、自动自发地做家务，才能产生好的效果。可以采取以下方法：

第一，要因材施教。在各年龄段，孩子的动作技巧、认知程度、体力、耐心都是不相同的，因此，家长在对孩子提出要求时，应考虑孩子的实际能力，以免孩子因遭遇挫折，对家务劳动产生抗拒心理和畏惧心理。

第二，要与孩子一起做家务。当家长和孩子一起做家务时，孩子就会觉得做家务是一场游戏，参与的积极性会更高。

第三，多容忍、少责备。当孩子越帮越忙，把现场搞得一塌糊涂、乱七八糟时，家长要先口气温和地告知孩子哪里做错了，再给孩子示范正确的方法。在此过程中，切不可责骂孩子，一定要有耐心、有步骤，以游戏的方式和心态教导孩子学习劳动的技能。

第四，家长要端正态度，热爱干家务，勿让孩子从家长的言行、举止中察觉出做家务是一件令人讨厌的事情。

如果父母因为做家务产生争吵，指责对方干少了，孩子就会感到做家务是一件非常烦人的事情。所以，家长在做家务时，一定要带着愉快的心情，这样才能让孩子感受到做家务是件非常快乐的事情。

第五，父母一定要对家务进行妥善分工，以免孩子产生做家务是女孩（男孩）的事的错误观念。在很多家庭，通常是妈妈做家务多一些，爸爸做得相对较少，于是男孩就会认为做家务是女性该做的事情，跟自己没有什么关系。这样的认识是错误的。家务是每个人都应该做的,家庭成员都有义务做。

第六,无论孩子做得如何,家长都要给予赞许和鼓励。家长要让孩子知道,他所做的事对全家有很大帮助,他是家里不可缺少的一分子。如果孩子为自己没有做好而沮丧,家长要及时开导孩子,告诉他:他之所以做得不如大人熟练,是因为他年纪小,能力、耐心都有限。只要他努力做了,爸爸妈妈就会很高兴。

多多表扬,就能让孩子敢于承担。一个敢于承担的孩子,他的人生会是辉煌的,一个有责任感的孩子,他走到哪里都是会被人需要的,一个被人需要的孩子,也一定是有自我价值的。

总之,只要家长坚持耐心、细心地对孩子进行引导,让孩子学会自立,孩子一定会很愿意参与家务劳动的。

> 一个敢于承担的孩子,他的人生会是辉煌的,一个有责任感的孩子,他走到哪里都是会被人需要的,一个被人需要的孩子,也一定是有自我价值的。

25　孩子爱玩会耽误学习吗

　　家长限制孩子出去玩，最主要是怕孩子因为玩而耽误了学习。但其实孩子会玩也是一种面向未来的能力。

　　孩子会玩、想玩、愿意找人去玩，这些都是培养其高情商的关键。孩子在成长过程中要培养三样东西：情商、智商、爱商。智商培养上，主要是让孩子学习各种知识。情商是把知识和文化变成动能。知识很多，不会跟人家聊天交流，不会交朋友，不会找人帮忙，不会帮别人忙，这样的孩子培养长大有什么用？而爱商是对文化、对天下、对社会的思考，多参与一些公益活动，不仅可以改变自己，也可以在做点滴好事的过程中，形成远大志向。志为气之帅，心怀天下，才会拥有天下。

有的家长只注重文化课，以为体育之类的课程不重要。其实，让孩子们加强体育运动，这不仅仅能促进身体健康，更能增强孩子的韧性、耐性、受挫折的能力，以及激发孩子对社会、对自己、对人生更多的思考。这样慢慢就可以把孩子的潜能、潜力都发挥出来。

知识是可以学来的，但是智慧一定是通过体验获得的。过去的100年是知识的时代、科技的时代，而未来的100年是智能的时代、智慧的时代、体验的时代。如果我们还是不能改变执念，依然要求孩子把什么东西都学会，为了成绩而限制孩子出去玩，以至于让孩子体验感太少，他们就将很难适应这个多变的时代了。

我发现一个现象，一些曾经在学校比较贪玩、比较调皮的学生，他们进入社会、步入职场之后，人际关系普遍比较好，处理问题能够得心应手。为什么呢？因为他们在成长的过程中、在玩耍中，通过一次次尝试，找到了冒险的边界。有这种能力的人，他会有好奇心，有探索力，当成绩不再是唯一评判标准的时候，他就会打开人生新的可能性，为自己赢得更多机会。

玩，其实也是一种生存预演。女孩玩的过家家，男孩子玩的警察游戏，都是对于未来的社会角色做预演。同时，孩子们在一起玩的时候，会发展出共情、共生能力，这种能力是未来社交、婚姻、职场等场合都需要的重要技能。

真正会玩的人,他们的工作与生活往往都是有趣的,是有创造力的,都是充满快乐的。而人是先快乐了,才容易成功。那些不懂得玩也不会玩的人,他们的人生相对来说就会显得非常无趣,甚至缺乏创造力。

讲到这里,家长就知道,一定要在关注孩子成绩的同时,多给孩子体验的机会。读万卷书不如行万里路,行万里路不如阅人无数,阅人无数不如名师指路,名师指路不如自省自悟。人生就是一个识人历事的过程。你希望孩子有责任心,但是你不给他承担的机会,他很难体会到责任感带给他的价值。你希望孩子沟通能力强,但是你真的给他处理人和事的机会了吗?

> 读万卷书不如行万里路,行万里路不如阅人无数,阅人无数不如名师指路,名师指路不如自省自悟。

26　打骂孩子就能让孩子听话吗

绝大多数父母都是不愿意时常打骂孩子的。其实在打骂孩子的时候，他们自己内心也会不舒服。在长年的研究中，我们发现打骂孩子的家长一般有两种情况。第一种是家长本身不懂得正确的教育孩子的方法，他错误地认为只要打骂孩子，孩子就会听话。第二种家长相对多一点儿，他们在遇到问题的时候，无法控制自己的情绪，因而打骂孩子。不管是哪一类，他们都倾向于用简单粗暴的方法解决问题，都是无能的表现。

所以，身为家长，我们应该去提升自己，去学习，去反思，找到正确的解决问题的方法。

如果长时间采用打骂的方式教育孩子，就会给孩子的人格方面、情绪方面、性格方面等造成很大的负面影响。孩子在 0 岁到 12 岁的阶段，对父母的批评指责甚至打骂只能选择隐忍，而隐忍多了孩子就会产生恐惧、愤怒等负面情绪。家长长时间无视孩子的这种情绪，孩子的性格就会出现问题。

等孩子到了 13 岁到 18 岁这个阶段，他要么变得叛逆，要么变得逆来顺受，要么感觉到这个世界毫无希望，要么感觉到他的生活没有任何色彩，要么在人与人沟通中出现障碍。具体而言，通常会出现三种情况。

第一种，他看到世界的一切都会觉得有问题，因为他曾经被负面确认过，被权威控制过，他自然而然就会选择与权威抗争。在家与家长发生冲突，在学校与老师发生冲突，长大以后，在单位也无法与领导、同事进行有效的沟通。

第二种，变得委曲求全。在工作岗位上，他们只知道奉献，却不敢提出更多要求，结果无法让上司给予他更多的关注，导致自己做了很多，却得到很少，进而就会心理不平衡，变得非常压抑。而在家里他们也是付出得比较多，但是表达得比较少。他们害怕权威，害怕争端，害怕问题的显现，所以很难绽放。

最让人痛心的是第三种，他们被权威彻底压垮了，只能做老好人，把所有的愤怒和悲伤压在心底，久而久之，因为情绪的干扰，反倒会产生更多疾病。

> 最近有一位妈妈找我,她的孩子已经15岁了。这孩子之前非常乖巧懂事,成绩也非常优异,可是上了初中二年级之后,就像完全变了一个人一样,叛逆不听话,和父母顶嘴,发怒的时候还会乱砸东西,慢慢地发展到早恋并且网络成瘾,还结交了一些不良青年,并且经常不回家。我们多次跟孩子以及其他家庭成员进行沟通了解,最后找到了症结:孩子在小的时候经常遭到父母的打骂,到了青春期,孩子找不到自我价值,就用上网、打架、离家出走等极端方式来证明自己是存在的、自己是有价值的。

亲爱的家长们,哪里有压迫哪里就会有反抗。那些经常被家长打骂的孩子,能量低一点儿的,他们的表现形式是逆来顺受,没有创造力;而能量强大一点儿的,一旦到了青春期,就会做出各种各样叛逆行为,让家长头痛不已。因此,家长们最好拿出一些时间认真学习一下,如何控制情绪,如何跟孩子有效沟通,不要等到有些事情发生了之后再去学习。

27　常在孩子面前评论别人的长短合适吗

有的家长经常会在孩子面前评论别人的长短，这样会给孩子种下一颗嫉妒别人的种子，致使孩子不自觉地拿自己和别人对比，一旦别人比自己强、比自己好，孩子就会产生嫉妒的心理。

嫉妒就像一颗毒瘤，它是由各种不服气、不高兴、惭愧、怨恨等情绪交织在一起的复合体。嫉妒的本质就是自私，这种嫉妒心理的存在，就等于在孩子人生的道路上设置了一个又一个雷区，对孩子的成长是极其不利的。

我们应该尽可能早地根除这个毒瘤。我们在多年的青少年启智训练过程中，发现其实最难解决的孩子的问题就是嫉妒心极强。这样的孩子养成了"人人不如己，处处占上风，事事要拔尖"的性格。在与人交往的过程中，他们喜欢成为核心，当不能够成为社交中心的时候，他们就会有怨气，会发脾气。嫉妒心极强的另外一个表现形式是不懂得感恩，且很容易被外在环境影响。这些有嫉妒心的孩子，经常会因为老师对他人的表扬而嫉妒，因为自己的容貌不如别人好而嫉妒，因为别人的家境比自己的家境好而嫉妒……嫉妒心让孩子处于困苦之中，时时刻刻被这种困苦折磨。他们无法跟人有效沟通，看到别人好，心里就不舒服。孩子之所以成为现在这样，没有分辨是非对错的能力，也不具备全面看待问题的能力，根本原因是受到了不正确的家庭教育的影响。

亲爱的家长们，要知道，评说别人的长短其实是最没有修养的事情。我们每个人都既有长处也有短处，有些方面你可能做得就是很好，但有些方面你不一定就比别人做得好，人与人之间应该取长补短，用你的优势去补足他的劣势，用他的优势来弥补你的劣势，这样才能共同进步，更加和谐。

当看到别人不如我们的时候，我们就妄加评论；当我们比别人好的时候，我们就沾沾自喜；当别人比我们好的时候，我们就消极悲观。这不就是拿过去的错误来惩罚现在，拿别人的错误来惩罚自己吗？所以，提升接纳别人的程度，这是我们一生都应该学习的功课。即使是我们身边最好的朋友，哪怕是生命中最重要的亲人，我们都没有资格去评价他是对还是错。

无论是当着别人的面还是在背后，无论是父母对孩子还是夫妻之间，都不应该对对方妄加评论，要多一份接纳，多一份理解。亲爱的家长们，不要再当着孩子的面说张家长李家短了，我们的人生精力都是有限的，不要把我们精彩美丽的人生都浪费在评价别人身上。

28 为什么不能总对孩子说"你怎么这么笨"

家长都是真心爱孩子的，但他们常常在不经意间对孩子采取语言暴力、情绪暴力的行为。家长都望子成龙、望女成凤，当孩子的行为没有达到父母的期待时，在情急之下，家长就会说出比如"你怎么这么笨""做题不动脑子"之类贬低、嘲笑孩子的语言。

尽管孩子也会因朋友、老师、兄弟姐妹和家庭其他成员的贬损而受到伤害，但对孩子影响最深的始终是父母的伤害。父母是小孩子那片天地的中心。如果母亲总说"你愚蠢"，那孩子就会认为自己是愚蠢的；如果父亲总说"你是无用的"，那孩子就会认为自己是无用的。

孩子是无法从更多的角度对这些评价产生怀疑的。父母的贬损性语言，会彻底摧毁一个孩子的自我价值感和自信心。为了不遭受更多的贬损，他宁可什么都不做，因为不做事便不出错。很多孩子在被问到是否有创造性的意见和想法时候，他们总是说"不知道"或者"随便"等话语，这都是长期被负面暗示压抑的结果。

记得我小的时候，邻居张姨家经常传来打骂孩子的声音。

有次妈妈带我去她家做客，张姨给她女儿琪琪买了双新鞋。当时琪琪正在睡觉，被张姨火急火燎地喊了起来。兴许也是起床气正浓，琪琪一副懒洋洋不愿配合的样子。

张姨说："你转个身。"琪琪转身。

"动动脚，合脚吗？""还好吧。"

"颜色还行吗？""还好吧。"

"款式还行吗？""还好吧。"

看女儿这样敷衍，张姨怒火"噌"地就上来了。

"你是死人吗？就没有自己的主见吗？"

琪琪听了，低下头不说话。

"我给你买东西，问你喜不喜欢呢？哑巴啊，说话啊。"

见琪琪还是不说话，张姨当着我们的面，狠狠地戳了一下她的头。

"我在说你呢,听到没?"

琪琪眼里有点湿润,狠狠地白了她妈一眼,"啪"地关上了房门。

"你还发脾气,教也教不好,我怎么会生出你这种蠢货?"

"说话又不会,人也没礼貌,难怪读书那么差!"

一句句责骂声中,我和妈妈在一旁尴尬不已。

从那以后,我们再也没去张姨家玩。

几年后,他们搬走了,听说琪琪连高中都没有考上,去理发店当小工,因为态度不好还被解雇了。

也许你会觉得,琪琪从小就是个无心向学的坏孩子。其实,在小学的时候,琪琪的成绩并没有很差,虽不算名列前茅,但也算中上水准。随着张姨的恶语相向,琪琪的学习成绩开始一落千丈,换来的是张姨变本加厉的打骂。从此,琪琪的生活进入了恶性循环,慢慢地,连课都不愿意去上了。

密歇根大学的伊森·克罗斯博士的一项实验的结论显示:当一个人受到语言暴力攻击时,他的情绪疼痛在大脑区域反应和身体疼痛极为相似,神经系统能体验到几乎相同级别的疼痛。

也就是说，当父母辱骂孩子的时候，孩子情绪上遭受到的创伤和身体受到伤害的疼痛程度不相上下！

心理学的暗示效应告诉我们，父母的否定、打击、批判会给孩子消极的心理暗示，并转化为孩子"内在的批判声音"，形成强大的"反自我"意识。他们会习惯性地自我批评和否定，觉得自己一无是处，即便成年后批判自己的那个人已经不存在了，这种批判态度还会保留在心里，使他们时常苛责自己，觉得自己不如别人。

正如苏珊·福沃德教授在《中毒的父母》一书中说："小孩总会相信父母说的有关自己的话，并将其变为自己的观念。"

所以，亲爱的家长，你随意的几句话，很有可能会是最扎心的评价，孩子的生活积极还是消极，全在你的一念之间。

29　为什么要让孩子感到学习是快乐的

在给孩子们做关于学习方面训练的时候，我们要解决的第一个问题是孩子对学习的认知。每次一开始我们就会问孩子，谁认为学习是快乐的，没几个人举手，当我们再问，谁认为学习是痛苦的。近 90% 的孩子都举起了手。其实，学习是一个人的本能，人天生具有学习的能力。孩子从翻身、爬到走，不都是一遍一遍学来的吗？在学这些的时候，他们从来都不害怕失败，也不觉得痛苦，这到底是为什么呢？

因为家长坚信孩子是一定可以学会的，所以在孩子每一次发生问题的时候，都会给他鼓励，给他保护。认真回想一下，是不是这样的：当孩子要走出第一步的时候，家长会拉着他的小手，告诉他往前走没关系，当他迈出人生第一步的时候，家长会高兴得高高地把他举起，这就是家长给他的鼓励，给他的表扬。孩子因为这种鼓励和表扬，有了良好的感受，才能坚持下去。可孩子上了学之后，孩子的这份鼓励就没有了，家长开始拿自己的孩子跟别人的孩子做比较，反复地确认：孩子你这不对，你这不好，你这不行，你这不能。人永远是追求快乐，逃避痛苦的。渐渐地，孩子就认为学习是痛苦的。当孩子觉得学习是痛苦的以后，再厉害的老师也教不好他了。在这种情况下，家长本应该改变教育方法，多给孩子鼓励，帮他体会到学习的快乐。可是有的家长自己也陷入了负面认知，也认为学习是痛苦的。这样的家长，很可能在他自己的学习过程中也是不快乐的。

家长都觉得学习不快乐的时候，就会自然而然地把这种想法跟孩子的学习关联到一起，进而对孩子的学习状态产生负面影响。

> 我在培训家长的时候，有时会问家长们有谁不爱喝酒。总会有那么一两个家长举手。我又问："是干脆不喝酒还是偶尔不喝酒？"他说是干脆不喝酒。我说："现在我这里有一瓶茅台酒，市场卖价几十万元，如果你能喝半斤，我就把这瓶酒送给你。"结果不喝酒的家长说："戴老师，再好的酒对于我来说都没有任何意义。"于是我又说：

> "这样好不好？你喝半斤酒，我给你 2 万块钱。"他说："戴老师，你就是给我 10 万块钱，我也不喝酒。"这时旁边的家长就会举手说："戴老师，你不用给我钱，我喝。我给朋友打个电话，告诉他来我这里喝这瓶好酒，他肯定会来。"

你看，这瓶酒的价值到底是由谁决定的呢？是由观察者对这瓶酒的态度决定的。如果他觉得这瓶酒非常好，他会想尽一切办法去喝酒，他喝到这瓶酒，这瓶酒才有价值。同样，亲爱的家长们，孩子对待学习的态度是由谁决定的呢？源于他对学习的感受。如果他在学习过程中是快乐的、幸福的，那么学习对他来说就是有意义的、有价值的，如果他觉得学习是痛苦的、受罪的，那么即使学到的知识对他再有用，他也会逃避，不愿学。家长不应该认为孩子的学习是痛苦的，而应该创造条件，让孩子在学习的过程中感受到自己是胜任的、快乐的，那么他的学习状况自然会有所改善。

30 常说"只要你好好学习，什么条件都答应你"管用吗

有的家长会说："孩子，只要你好好学习，我什么条件都会答应你的。"我们几乎可以断定，这样的家长是功利型家长，他们的爱是带有条件的，好成绩是他们爱孩子的前提。但是亲爱的家长，你知道吗？凡是带条件的爱都是阴谋。

孩子可能在小的时候因为害怕失去父母的爱而努力学习，但他心里面非常清楚，父母爱的不是他，而是他的成绩，这样会让他的内心世界生出一个错觉。就是他的存在唯一的价值就是要好好学习，如果他学习不好，那也就意味着他失去了父母的爱。

这就是为什么我们看到有的孩子，他们在小学阶段、初中阶

段，甚至高中阶段的学习成绩非常好，可他们一旦走到一个竞争更加激烈的环境，一旦发现自己不如别人，就会完全崩盘，破罐子破摔，甚至辍学，留在家里"啃老"，因为他们觉着自己存在的唯一的价值已经没有了。

我爱你的条件是你要好好学习，如果你学习不好，就意味着你将不再被爱。这种思维定式会产生两种孩子。第一种孩子认为他只有努力学习，才能得到爸爸妈妈的爱。所以他在学习上就会非常努力。但他同时也会非常紧张，感觉非常痛苦，因为他害怕失去爱，所以他更加渴望爱。当有一天他认为学习不能让他感受到爱的时候，他就会把获得爱的动力转向别的地方。

而第二类孩子更可怕，他干什么都有目的性，都有企图心，做什么都开始讲条件。比如说我今天考了多少分，你会满足我什么样的要求？如果你不能满足我的条件，我也没有必要去为你付出。在这种心态下，有一天他成家了，也会计较对方给予他多少，他付出多少，往往很难得到幸福；走入工作岗位，他会过于计较报酬的多少，忽略个人能力的成长，他的职场之路往往也走得不顺利。

讲到这里，家长们应该明白了，为什么说凡是带条件的爱都是阴谋。要求孩子必须按照家长的要求和计划来成长，否则就会失去家长的爱，会使孩子没有安全感，失去归属感。家长用这种条件去约束孩子，促使孩子好好学习，也终将适得其反。

31 学习成绩取决于孩子的智力水平吗

很多家长认为,孩子的学习成绩跟孩子的智力水平有必然关系,其实这种想法并没有科学依据。

同样聪明程度的孩子,学习成绩的好坏,大致取决于以下几个方面:

第一,家庭成员习惯的影响。家庭里的成员,尤其是长年陪伴孩子的家长,他们是否有学习的习惯,这至关重要。父母的行为是原件,孩子有样学样,孩子的行为自然就是不折不扣的复印件。有的孩子很聪明,可就是不爱学习,这时你再去看看他的父母就明白了,孩子的行为完全就是父母行为的翻版。这样的孩子,再聪明也无法学有所成。

第二，家庭氛围是否和谐。学习效率以及成绩受情绪和感觉的影响是最大的。一个生活在和谐家庭中的孩子，情商相对比较高，比较乐观、阳光、向上，自信心比较强，应对学习困难的能力也比较强，学习成绩也就相对会好得多。一个孩子如果生活在消极、被动、常遭打骂、被压抑的环境里，他的负面情绪会直接影响到学习动力以及学习心态，他想学习好真的会非常难。

第三，是否懂得学习方法。智商水平相当的孩子，如果他们的学习方法不同，那么学习效率也会有天壤之别。学习的方法非常重要，学习的步骤，学习的每一个环节，以及如何预习、如何复习、如何听课、如何写作业、如何建立错题档案，这些都是家长和孩子应知应会的东西，如果孩子连基本的学习能力都不具备，那么就算给他灌输再多的知识，对于他来说也是

> 学习效率以及成绩受情绪和感觉的影响是最大的。

> 智商水平相当的孩子，如果他们的学习方法不同，那么学习效率也会有天壤之别。

没有任何意义的。

　　所以家长们必须明白，一个孩子的学习成绩跟他的智商没有必然关系，跟他的家庭氛围、学习心态、学习能力及学习方法有直接关系。

32 孩子说了一件让他得意的事，要不要告诫他别骄傲

每当家长跟我说，他的孩子一得意，他就告诫孩子不要太骄傲时，我都非常惋惜地跟家长说："这是一个多么好的拉近亲子关系的机会，可非常遗憾，你放弃了。"其实孩子在向你分享他的快乐，这说明什么？说明孩子这个时候是自信的，是有归属感的。他希望把这份美好呈现在你的面前，希望得到你给予他正面的确认。而当你给他一个正面确认之后，他就能感受到被爱、被关注，因此产生更多的动力。然而当孩子向你表达他的美好感受时，你告诉他不要骄傲，如同给他泼了一盆冷水，孩子的自尊、自信、进取能力、自我价值都会因此而受到伤害。

> 孩子一旦有了成就，得到父母以及他最在意的人的认可，成就感就会转化成自信，从而使他拥有更多的自爱、自尊和自我价值。

孩子一旦有了成就，得到父母以及他最在意的人的认可，成就感就会转化成自信，从而使他拥有更多的自爱、自尊和自我价值。孩子在成长的过程中不被认可的次数越多，就会逐渐失去前进动力。

有的孩子，当他受到伤害的时候，或者他内在比较匮乏的时候，或者情绪变得不稳定的时候，都不愿意跟父母进行沟通。这个孩子在外面无论多么开心还是伤心，只要一回到家便会关上门，不愿意把自己的心事跟父母去表达。之所以这样，很大可能就是父母经常给孩子泼冷水。而这个时候如果父母不明白问题出在哪里，反倒会觉得孩子性格怎么这么怪异，进而加大了亲子之间的嫌隙。

各位家长，试想一下，你工作上有了突破，被领导提拔了，如果你回到家，非常自豪地把自己的成就告诉你的爱人，他却说，有什么可骄傲的，你还要努力。请问此时你的心里面是舒服的吗？将来你还愿意把你的好事跟他分享吗？你和他的距离是更近了还是更远了？

我们每个人都希望获得别人的认同，而孩子更是如此，更加希望得到父母的认同和肯定。

来思考一下为什么孩子都喜欢网络游戏。其实就是孩子在打游戏的过程中，每过一关，每完成一个非常漂亮的动作，他们就能获得来自游戏系统的奖励、来自队友的夸赞。这些赞美会让他们非常快乐，促使他们继续战斗以获得更多的快乐。

所以如果想让孩子爱上学习，家长们应该向网络游戏学习，也就是说应该让孩子从他最容易上手的内容开始学，等他获得一定的自信后，再逐渐增加难度。在此过程中，家长一定不要吝啬表扬。比如，孩子是初二的孩子，你可以把初一的内容拿出来让孩子学习，由于是学习过的内容，孩子上手会特别快，然后让孩子做题，只要孩子做对一道题，家长就表扬他、鼓励他。

人都是喜欢被夸奖的，孩子尤其如此。当孩子完成一件事情被夸奖的时候，他会乐此不疲地做下去，因为他找到了胜任感和价值感。孩子经常被夸奖，他的自信心就会慢慢地提高，当他再面对难题的时候，其内心是我一定能战胜它，而不是太难了，我做不出来。

所以，及时的赞美和鼓励用在学习上，会让孩子爱上学习；用在习惯培养上，会让孩子养成终生受益的好习惯。因为它表现出的是家长对孩子的真心赏识和热切期盼，这也能够传递给孩子一种强大的精神力量。这种力量不仅可以让孩子更加努力和自信，而且会促进孩子智能的发展和身心的健康，大大增强孩子对学习、对生活的信心和勇气，从而激励孩子奋发向上。

讲到这里，亲爱的家长，当孩子和你谈及一件骄傲的事情的时候，你还会警告他别骄傲了吗？

33 孩子在学习上一点儿不着急怎么办

很多家长都有这样一个心声,认为孩子在学习上一点儿都不着急,而自己却急得团团转。

孩子在学习上不着急,原因大致如下:

第一,孩子对所学的知识,感觉并不难,很容易就可以完成。这种孩子是非常自信的,但是这种孩子毕竟是少数。

第二,孩子对学习没有兴趣。前面提到:人永远是追求快乐、逃避痛苦的,当孩子觉得学习是痛苦的,他本能就会逃避。

第三,孩子曾经非常努力,但是他的抗挫能力很差,每一次遇到挫折之后,并没有得到身边的人特别是父母对他的支持和认同,以致他的学习动力不足。

第四，家长经常按照自己的标准给孩子定下了目标，孩子觉得达成目标的难度太大了，长此以往，会变得消极被动。

那么，你的孩子属于哪一种情况呢？

如果你的孩子属于第一种情况，那么学习对他而言的确是一件非常容易的事。作为父母，你应该感到高兴，同时想尽一切办法，用大量的时间帮孩子发展其他的能力。因为孩子除了上大学、找工作以外，还有很多别的事情要做，家长应该腾出手来帮助孩子综合发展德、智、体、美各个方面。

如果你的孩子属于第二种情况，那么你可以用前面提到的方法，先让他学简单的东西，多给鼓励和表扬，激发他的兴趣。

如果你的孩子属于第三种情况，那你就要注意了，你的孩子已经开始厌学了，而厌学的真正原因，是在学习这件事上，父母经常给予他否定，使他焦虑、不自信，他错误地认为自己不喜欢学习，所以开始逃避学习。这时候家长的当务之急要学习如何跟孩子建立良好的沟通关系，如何让孩子拥有好的学习心态。

如果你的孩子是第四种情况，那么你就要反省一下，适当给孩子松绑，不要把自己过高的期望压在孩子身上。放轻松，孩子才有上升的空间。

34 怎么提高孩子对学习的兴趣

许多家长不懂快乐学习的道理,往往使错了劲儿,总是告诫孩子"学习没有捷径可走,只有用功、刻苦,才可能学好"。有些家长还会在孩子的床头贴上治学名联"书山有路勤为径,学海无涯苦作舟"来激励孩子。殊不知,这些"苦苦"的字眼非但无法治愈孩子不爱学习的"顽疾",反而让孩子更加害怕、排斥学习。

追寻快乐、逃避痛苦是人的本能。这一点所有人都承认。我经常在培训时对家长说:"有些家长非常喜欢喝酒,而有些家长不喜欢喝酒;有些家长喜欢抽烟,而有些家长讨厌抽烟。其实,这些好恶与烟酒本身没有关系,而是与人们对抽烟喝酒的感觉——快乐还是痛苦有关系。当人感觉喝酒之后是快乐的,他就会乐此不疲;如果人喝完酒是痛苦的,一提喝酒,他就会联想到嗓子辣、心跳加速、胃疼、呕吐等一系列令人不快的感觉,就会拒绝喝酒。"

相对于成人,孩子的自制力要差得多。他们即使知道学习很重要,也会因为学习比较枯燥而无法长久坚持。这就是很多孩子一玩电子游戏就是一天,而学习时却一分钟也坐不住的原因。所以,家长不要再对孩子灌输"学习需要咬牙坚持""学习需要刻苦努力"等观念,而要告诉孩子学习也能带来快乐,并帮助他在学习中找到快乐,从而在他的脑海中建立"学习—快乐"的反射弧。

和厌学、逃学的孩子相比,家长、老师更喜欢"乖学生"。他们上课认真听讲、放学回家不用家长催促就能自觉地写作业。但"乖学生"的学习成绩往往并不突出。

之所以会这样,缺乏自觉学习的意识是一个非常重要的原因。他们要么是为了让别人能够看得起自己去学习,要么是为了满足家长对自己的期望而学习，要么是为了应付考试而学习。这些目的的确可以帮助他们对学习专注一阵子，但因为对学习缺乏好奇心、主动性，他们只会被动地接受老师和家长的安排，把学习当任务，丝毫感觉不到学习的快乐。

以知识本身为目的的需要才是最稳定的学习需要。只有当孩子意识到学习是自身的需要时，他们才会真正热爱学习、主动学习。爱因斯坦说，"兴趣是最好的老师"。当孩子对学习产生兴趣后，如果作业没写完，他会拒绝一切诱惑，带着快乐的心情立刻起身去完成作业。如果他不喜欢学习，就会打心眼里排斥、反感写作业，会找各种理由拖延。所以，让孩子爱上学习，就必须培养孩子的学习兴趣。

要想让孩子对学习产生兴趣，以下五种方法家长不妨试一试。

第一，激发孩子的求知欲、好奇心。

人刚来到世界上时，会被两种情绪主

> 只有当孩子意识到学习是自身的需要时，他们才会真正热爱学习、主动学习。

宰：一种是好奇，一种是恐惧。好奇会让人的内心产生探索世界的渴望。这种渴望会促使人们主动学习未知的知识。当人们知道了一个新的知识，了解了一个新的自然现象，对宇宙、对自然、对社会有了更多的了解与掌握后，就会因豁然开朗而感到无比快乐。而恐惧会扼杀人的好奇心，让人拒绝接触新事物，拒绝了解世界。

与成人相比，孩子的好奇心更加强烈。当他们发现有趣的事后，好奇心会被极大地激发出来。随之，他们会通过操作、提问等学习方式来满足内心对探索世界的渴望。

了解了孩子的这一特点，父母要做的不是告诉孩子学习有多么重要，而是保护孩子对学习的好奇心，引导孩子体会学习的快乐。

首先，家长要懂得寓教于乐。人永远是追求快乐逃避痛苦的。如果能够让孩子觉得学习也是一种游戏，他们自然会喜欢学习，愿意为学习努力坚持下去。所以家

> 人永远是追求快乐逃避痛苦的。如果能够让孩子觉得学习也是一种游戏，他们自然会喜欢学习，愿意为学习努力坚持下去。

长要懂得寓教于乐，从而让孩子快乐地学习，享受学习的快乐。

其次，要让孩子学以致用，体会到知识的实际作用。学习的最终目的是运用。如果孩子能在生活中将其所学运用到实践中，那么他将感受到学习知识、应用知识的乐趣所在，从而产生强烈的求知欲望和主动探索的兴趣。为此，家长需要主动创设情境，让孩子能够在日常生活中检验学到的知识。通过"学习—验证—再学习"这一往复过程，孩子的学习兴趣自然得到提升，从而能在学习过程中长期保持精神饱满、兴趣盎然、全神贯注的状态。

最后，满足孩子内在成长的需要。每个人的内在都有成长的需要。当孩子通过学习获得某种启迪、发现，比如，当他通过阅读，了解了孔子、孟子、柏拉图、黑格尔、卢梭等古今中外先哲的智慧，像他们一样思考自然、人类、人生与社会，并从中获得启发与感悟时，他会发自内心地感到快乐。因为他从中获得了巨大的成就感、价值感与掌控感。为了再次获得这些感觉，他会自觉地沉浸在学习中，忘了时间和空间，进入一种无我的状态。

为此，家长要引导孩子通过阅读走进先哲的世界，激发他的求知欲、好奇心，让其亲自为诸多疑问找到答案，从而让孩子感受到知识就是力量，让其对自己的人生拥有越来越多的掌控感。

家长可以告诉孩子：学习生物学，你会了解神秘的动植物世界，知道地球表面有多少生物，以及这些生物生活在什么样的空间里；学习化学知识，你能够解释生活中很多奇妙的变化是怎么回事，比如，铁在受潮以后会发生什么样的变化，以及为什么会发生变化；学习天文地理知识，你会知道雨后为什么会出现彩虹，打雷是怎么一回事，闪电又是怎么一回事，气候是怎么变迁的，地底下埋藏了哪些矿藏；学习语文，你能从优秀的文章中体会到精神正能量和语言文字的美；学习外语，你能够更好地与世界交流，了解异国风情……

家长一定要帮助孩子进入"学习—顿悟—掌控—快乐"这一良性循环中，只有这样，孩子才会真正爱上学习、主动学习。

第二，多表扬，让孩子感到"我能行"。

孩子不爱学习的天敌是挫败感，进而对学习产生恐惧。所以，很多孩子都会在成绩下滑后变得不爱学习，而不爱学习的后果是成绩变得更差，从而形成恶性循环。

怎样才能让孩子摆脱挫败感？家长需要做的，就是在孩子成绩不好时，看到孩子做得好的一面，并给予赞扬，对于孩子做得不够的地方给予鼓励。

许多家长问我："孩子的成绩越来越差，分数一次比一次考得低，怎么办？"我就会问他们："你们每次拿到孩子的试卷时，是先看孩子做对的题，还是先看孩子做错的题？"

据我观察，很多家长一拿到孩子的试卷，往往先看分数，再看做错的题，随后开始数落孩子："这道题这么简单，你怎么都不会做，平时怎么学的？""这道题你要是再细心一点儿，肯定能做对。""这道题应该怎么做才可以。"……而对于孩子做对的题，家长几乎不会看，更不要说表扬孩子了。因为在家长心里，孩子做对是理所当然的。

当家长把关注点放在错题上时，孩子的关注点也会放在错题上。伴随着家长的数落，孩子会产生"我不行""我不能""我怎么这么笨"等负面情绪，内心会有深深的挫败感。

很多家长听了我的这一分析都感到非常震惊，他们以为自己的批评只是就事论事，没想到会对孩子产生那么大的负面影响。

孩子已经非常努力了，结果家长还是不满意，只盯着他的不足。可以想见，对于广大学习成绩中等，甚至成绩较差的孩子来说，家长的"暴风骤雨"可能要猛烈一万倍，孩子还怎么对学习产生积极心态呢？

孩子在学习的过程中会有积极主动、消极被动两种心态。当积极主动的孩子面对挑战、迎接任务时，他们总是会告诉自己：我能战胜它！而消极被动的孩子在面对考验，比如考试时，甚至在考试前就开始变得惊恐不安，睡不好觉。在考试过程中，他们会不停地担心"我要是考不好，肯定会被爸爸妈妈批评，被老师责骂"，因而无法集中精力答题。结果因为恐惧、紧张，本已记在脑子里的知识无法被调出来，考试成绩自然好不了。这种结果又会反过来加重孩子的不自信，使他们在学习中时时面临挫败感的折磨。

人无完人，人会在犯错误的过程中获得成长。对于孩子来说，他们在学习过程中会出错，但犯错是在为做对打基础，所以家长应该允许孩子犯错。

当孩子对学习产生挫败感时，家长一定要抓住契机，对其进行积极的心理干预。下面案例中的妈妈在这方面就做得非常好。

> 一天，小明放学回到家后垂头丧气地对妈妈说："妈妈，我这次考得不太好，才考了 70 分。"小明说完，等待着想象中的"暴风骤雨"，妈妈却说："太棒了！这不是对的比错的还多很多吗？这么难的题你能大部分做对，已经很不容易了。来，给妈妈讲讲你都是怎么做的。"
>
> 小明听完妈妈的话，一扫先前的不快，眉飞色舞地对妈妈讲做题的思路。当小明讲完后，妈妈和颜悦色地对他说："这么难的题你都能做对，我相信那些做错的题目，你只要认真努力地去做，也一定能够做对。"听了妈妈的话，小明在今后的学习中更加努力。渐渐地，在他的考试卷上，对的题越来越多，而错的题越来越少。

情感因素是孩子安心学习的基础。家长与孩子只有在情感交流中实现相互理解，承认对方的存在价值，孩子的学习才会有长足的进步。家长要以愉悦的心情激发孩子的学习兴趣，以宽容的态度对待孩子的差错，以饱满的热情鼓励孩子专注投入学习。

第三，及时让孩子看到自己的进步。

除了用表扬增加孩子克服学习困难的勇气与信心，家长还需要采取一些手段及时让孩子看到自己的进步，并给予赞扬，从而增加他们的胜任感、成就感，唤醒孩子对学习的兴趣。

人都是喜欢被人夸奖的，孩子尤其如此。孩子经常被夸奖，他们的自信心就会得到极大提升。

孩子只有以"我太棒了！我能够战胜它！我愿意战胜它！"的积极心态去学习，才算找到了学习的原动力，才能真正将学习变为一种脑力劳动。相反，孩子如果在学习之初就感到痛苦，对学习充满畏惧之心，那么学习就会变成纯体力劳动，这样是万万学不好的。

其实孩子需要的并不多，一句鼓励的话，一个信任的眼神，一次理解的微笑，一次亲切的抚摸，就足以让孩子在学习中、在生活中重新找回愉悦的心情、爽朗的笑声，找回自信、自我、自强。家长要时刻关注孩子的每一个微小的进步。只要孩子有点滴的进步，家长都应该立刻给予表扬、鼓励。

第四，创造和谐的亲子关系。

家庭气氛是否和谐，对孩子的学习积极性也有很大影响。当家长把孩子放在与自己平等的位置上，孩子的主体意识会增强，孩子会敢于主动思考，陈述自己的观点、想法，从而提高认知能力。当孩子的认知能力获得提高，孩子的学习积极性也会增强。

很多家长跟我说："戴老师，我不懂教

> 家长要时刻关注孩子的每一个微小的进步。只要孩子有点滴的进步，家长都应该立刻给予表扬、鼓励。

育，怎么教育孩子？"其实，很多自认为不懂教育的家长都把孩子培养成才了，而很多有知识、高学历，自恃懂教育的家长却把孩子教"坏"了。这说明，在教育孩子的过程中，态度比知识更重要。有些在社会上有点地位的家长，回到家后也习惯于把孩子当下属看待，总是居高临下，对孩子颐指气使；有些高知家长在孩子出现问题时，总是拿自己的能力出色说事，来反衬孩子的无能，说出"这道题，我这么多年没学了都能做得出来，为什么你做不出来"等打击孩子自尊心的话。

每个家长都能做得非常优秀，前提是在教育孩子的过程中要做到耐心和蔼，认真倾听，不断鼓励。没有哪个孩子天生就不爱学习，只要方法得当，都能学好。

第五，家长做好榜样，在家里营造学习氛围。

孩子是家长的一面镜子。孩子不爱学习，家长极有可能也不爱学习。古人讲"己所不欲，勿施于人"，家长不爱学习，却逼迫孩子去学习，效果是好不到哪里去的。

很多家长之所以不爱学习，是因为他们从小就认为学习是一件非常痛苦、很难做好的事，但他们又希望自己的孩子能够远远超过自己，所以他们会经常告诫孩子："爸爸妈妈小时候没有好好学习，吃了没文化的亏，你可要给我们争气呀。"孩子听了这种话，不仅不会争气，反而会想："你们都做不到的事，凭什么让我做到？"有些文化水平不高的家长，因为机缘巧合以及自己的努力获得了较强的经济实力，当他们一边在家里打麻将一边告诫孩子好好学习时，孩子会打心眼里认为"父母没有文化也能挣大钱，看来学习好不好和以后混得好不好没有关系"。这些耳濡目染的误导会让孩子对学习越来越没有兴趣。

　　所以，家长要为孩子做好榜样，自己要保持强烈的求知欲，爱看书，爱学习，只有这样，才能给孩子营造一个良好的学习氛围。

35 怎样的教育模式才有利于孩子成长

在我们的父母课堂上,当我问家长:"你希望把孩子培养成一个什么样的人呢?"很多的家长回应我:"没想过。"父母对孩子的教养,最重要的事情不是别的,正是培养孩子尽早独立应对人生的能力,培养孩子为自己的人生负责任的能力。所以不管你用什么方法教孩子,只要你做的事情有利于培养孩子独立应对人生的能力,有利于培养孩子为自己的人生负责任的能力,那就是该做的。

再来看看很多家长平常都在做什么:叫孩子起床,叫孩子吃饭,叫孩子做作业,叫孩子关电视,叫孩子关电脑,让孩子不要和什么人玩,告诉孩子不可以这样、不可以那样……这样的做法,都是一些命令式的行为。各位家长,请想一想,这和你自己想要达到的培养目标一致吗？你这样做是让孩子更依赖你了，还是更独立了？孩子是对自己的人生更负责任了，还是他负责任的权利被你剥夺了？

爱孩子，是连母鸡都会做的事。身为父母，人类和动物最大的区别，就是能够给予孩子精神上的引领，而不是只做这些琐碎的、无意识的事情。这样不仅累坏了自己，还剥夺了孩子积累人生经验和能力的机会，也剥夺了孩子为自己负责任的权利和义务，让孩子无法走向独立，无法有效地处理人生中的挑战。

家长该做的事是什么呢？当孩子沮丧时，倾听他的心声，同理他的感受，帮助他从情绪中走出来，启发他自己找到解决问题的方法；当孩子开心时，分享他的快乐，发现他的闪光点，给予鼓励；当孩子的行为有问题时，发现他的问题，肯定他的动机，在不伤其自尊的前提下，帮助他改正错误，使他从错误中得到成长。家长

> 身为父母，人类和动物最大的区别，就是能够给予孩子精神上的引领，而不是只做这些琐碎的、无意识的事情。

要尊重孩子的选择，允许他犯错误。当你和孩子发生冲突的时候，你需要教会孩子怎样在彼此尊重的前提下，让事情得到尽可能完美的解决。可能这些你没学过，你也不会做，那现在你需要学习了。孩子最终好不好，就取决于你是否运用了正确的教育模式，取决于你是不是一个合格的家长，取决于你是否懂得教育子女的正确规律，取决于你是不是一个愿意学习愿意改变的家长。

36　孩子将来的命运是他自己造成的吗

在俄罗斯地区有这样一个真实的故事。一个不到1岁的小孩被一头母狼叼走了，母狼带着几只小狼跟小孩共同生活。几年以后，小孩被猎人救了，回到了自己的家。这个小孩从小跟着狼生活，习性全变了，人们给他穿衣服，他会把衣服全部撕了，把煮熟的东西给他吃，他不吃，只吃生的东西。不到一年，这个孩子离开了人世。这个故事说明什么呢？说明人是环境的产物。一个孩子跟狼在一起，他就会有狼性，而跟人在一起才会有人的品性。那么，一个孩子成长过程中什么环境对他影响最大？一定是父母给孩子提供的环境。前面提到过，孩子成长过程中受到学校教育、社会教育和家庭教育的影响，学校教育的影响仅仅占子女成才教育的8%，社会教育的影响仅仅占 2%，而家庭教育的影响占 90%。

家庭教育中的主角就是家长。未来孩子之间的竞争，其实是现在孩子家长之间的竞争。家长是孩子的第一任老师，其一言一行对孩子的影响最直接也最深刻。

如果你经常学习家庭教育知识，你就会发现这样一个通律：孩子喜欢谴责别人，是因为平时父母对他批评过多；孩子凡事喜欢抱怨，是因为父母总是对他有诸多挑剔；孩子喜欢对抗，是因为父母对他有敌意和强制；孩子不够善良，是因为父母缺少同情心；孩子胆小、羞怯，是因为父母经常嘲弄、辱骂他；孩子不跟父母说心里话，是因为父母老捉孩子的话把儿，翻老账；孩子不辨是非，是因为父母专制，没有给孩子自主和思考的机会；孩子很自卑，是因为父母对孩子总是失望，不能耐心鼓励；孩子嫉妒、敏感、怕受伤，是因为父母没给他宽容和温暖；孩子不喜欢自己，

> 家长是孩子的第一任老师，其一言一行对孩子的影响最直接也最深刻。

是因为父母对他缺少接纳、认可和尊重；孩子不上进，不努力，是因为父母对他要求过高；孩子很自私，是因为父母对他太溺爱，要什么给什么；孩子不懂父母的苦心，是因为父母没有教会他理解别人；孩子退缩、逃避，是因为他经常遭到父母的轻视和打击；孩子懒惰和依赖，是因为父母替他做的事和决定太多了。

所以，亲爱的家长们，孩子未来的命运与他的家庭环境息息相关。我们总是把所有关注点放在孩子的学习成绩、学习态度、学习名次上，却很少在意过家庭教育才是孩子发展的根。

中国有这样一句古话：龙生龙凤生凤，老鼠的儿子会打洞。有很多家长问我："戴老师，我给孩子选择的是最好的学校，找的是最好的老师，为什么我的孩子学不好？"我就会反问家长，为什么在同一所学校，由同样的老师教，用同样的课本，做同样的作业，孩子与孩子之间却千差万别？其实造成这个千差万别的根源，是家庭教育，是家长在教育子女的过程中的一举一动、一言一行的千差万别。

家长才是孩子成长的土壤。为了孩子能在这片土壤中茁壮成长，家长先审视一下这片土壤需要改良的地方吧。

37 孩子对老师有抵触情绪怎么办

我国是一个有着几千年尊师重教传统的国度,但现在很多孩子对老师有不同程度的抵触情绪,与老师的关系非常紧张。

师生关系差,十分不利于孩子的成长。

首先,不良的师生关系会损伤孩子的身心健康。在上自己不喜欢的老师的课时,孩子会有很大的情绪波动,心理压力剧增,长此以往,在生理上,孩子可能会出现饮食障碍、睡眠障碍、肌肉紧张性疼痛、神经功能紊乱,记忆力、注意力、思维能力下降等问题;在心理上,会出现紧张、烦恼、易怒、焦虑等负面情绪。

其次,不良的师生关系会影响孩子的学习动机。学习动机中有一个重要分支,叫作交往动机。交往动机包括愿意和别人相处,而不愿意一个人独处，愿意跟语言、兴趣、习惯相同的人相处，而不愿意与兴趣、观点不同的人相处。如果孩子与老师建立了良好的人际关系，交往动机就会起积极作用，孩子就会特别努力地学习他所喜欢的老师的课程；如果师生关系紧张，交往动机就会起消极作用，孩子会反感、厌恶甚至逃避老师，不管老师讲了什么，他都一概无法接收，结果肯定学不好。

最后，师生关系会影响孩子个性的发展。如果师生关系良好，孩子会感到学习生活安全、轻松、愉快，从而有利于其个性的发展；师生关系紧张，孩子就会感到焦虑，从而不利于其个性发展。

一旦孩子对老师产生了抵触情绪，家长单方面指责孩子或单方面地指责老师都是不妥当的。家长应该按照以下四个步骤消除孩子对老师的抵触情绪。

第一，尊重孩子的感受，允许孩子发表对老师的看法。

凡事有果必有因。找准原因，才能对症下药。要找到孩子抵触老师的原因，家长必须与孩子进行深层次的沟通。沟通时，家长要用温和的话语、鼓励的眼神表达自己对孩子的关切，这样，孩子才能在毫无压力的状态下打开倾诉的大门。

在孩子发泄对老师不满的过程中，家长应该放下手中的事，专注地倾听，并不时地用爱抚的目光注视孩子。这个细节非常重要。如果家长一边干着事一边对孩子说"你说吧，我听着"，孩子一定会觉得自己的感受没有得到尊重，自然不会敞开心扉。

第二，与孩子一起寻找师生关系紧张的原因。

在孩子发泄了对老师的不满，情绪稳定下来后，家长切忌简单粗暴地批评孩子，更不能当着孩子的面发泄自己对老师的不满，或拉着孩子去学校找老师评理。这样不但无益于解决问题，甚至会适得其反。此时，正确的做法是与孩子一起寻找师生关系紧张的原因。

据我观察，师生关系紧张的原因大致有三个：

一是老师对孩子提出了过高的要求，但孩子没有做到，所以老师在言辞上对孩子严厉了一些，态度粗暴了一些，这让孩子很难接受。

二是老师在课堂上冷落了孩子，或是当着其他同学的面用语言刺激了孩子，导致孩子的自尊心、自信心受到伤害。

三是孩子真的犯了错，但出于自尊心太强等原因，孩子想隐瞒错误。如果老师指出了孩子的错误，孩子就会恼羞成怒，用对抗来表达自己的不满。

第三，正确看待孩子的抵触情绪。

在得知孩子对老师产生了抵触情绪后，家长应该正确看待孩子的这一情绪。

一方面，这意味着孩子的自主意识已经觉醒，他们不再对人言听计从，不希望自己依赖他人，并且希望自己的想法、做法能得到他人的认可。如果老师触到了他们的这一痛点，他们就会下意识地用抵触的方式维护自己的独立。明白了这一点，如果家长引导得当，孩子对老师的抵触情绪是可以发挥积极作用的。

另一方面，孩子对老师产生了抵触情绪，反映了老师的教育方式可能存在问题。这时家长应该主动与老师沟通，找到更加合理的教育方式，从而对孩子的成长起到积极作用。

第四，引导孩子学会换位思考。

当孩子对老师产生了抵触情绪时，家长切记要冷静，不要头脑发热，无端指责孩子。正确的做法是，家长作为第三方，帮助孩子进行换位思考。

在日常生活中，大家都有这样的体验：如果自己对某个人产生了误解，或有意见，那么将很难与对方冰释前嫌。这时，如果有人作为第三方提醒你换位思考，你会发现对方其实在做人、做事上并没有你想的那么糟糕。对方之所以让你不快，是有这样或那样的原因，你对对方的看法可能就会有所改变。

因此，当老师与孩子关系紧张时，家长要作为第三方，成为二者的沟通桥梁。

首先，家长要体谅老师的难处与苦衷，理解老师是好心办了坏事。老师自然是要遵守师德，但老师也是普通人，有时候也会因疾病、家庭纠纷等个人问题出现情绪波动。如果孩子正好撞在"枪口"上，老师采用的教育方法可能就会有失偏颇。

如果家长总是说这个老师不好，那个老师不好，这个老师有问题，那个老师有问题，将在无形中助长孩子对老师的负面情绪，而这种情绪将会使孩子成为最终的受害者。因为学习是一种脑力劳动，而脑力劳动只有学习者处于主动积极的情绪状态时才能做好。

这么一想，家长就不会对老师横加指责了，而要主动与老师加强联系，心平气和地与老师沟通，向老师提供孩子在家里的日常表现以及学习情况，主动协助老师搞好师生关系。

其次，家长应当引导孩子从老师的角度思考问题。

如果问题出在老师态度不好，家长在引导过程中就要给孩子讲述老师的辛勤付出，帮助孩子理解老师的难处和良苦用心。家长可以这样说："假如你是老师，当你看到学生不用心学习，放弃了自己的梦想时，你会怎么做呢？你的心里会不着急吗？你会不管他吗？"如果问题出在孩子不愿意接受老师的正确批评，家长就应该跟孩子认真剖析他错在哪里，以免孩子一错再错。

　　孩子学会换位思考，了解到老师的出发点是善意的、真诚的，必然会减轻或消除对老师的抵触情绪。

38 人的性格是不可以改变的吗

很多人都会说：江山易改本性难移，我的性格怎么可能改变呢？我会告诉他们，性格只不过是难改，但不是不能改。我的观点是，性格是可以改变的。那么性格到底是什么呢？很多时候我们无法把它说得非常具体，现在我用一个名词来讲，它就是我们所说的"情商"。情商包括以下内容：

第一，我是谁？当一个人自己都不知道自己是谁的时候，他怎么做都是错的；当一个人明白自己是谁的时候，他做事总会事半功倍。

第二，沟通的能力。人这一生除了生存之外，首先应掌握的能力就是与人沟通的能力、与自己沟通的能力、与自己价值观沟通的能力。当一个人跟自己沟通得非常好的时候,他就不会拿别人的错误来惩罚自己,不会拿过去的错误来惩罚现在,更不会拿自己的错误去惩罚别人。一个与自己沟通非常好的人,永远都是快乐的、积极向上的,他的内在矛盾和冲突会非常少。一个人与别人沟通的能力也至关重要。现在的父母什么都教孩子,却往往忽略了他与别人的沟通能力。一个人将来婚姻是不是幸福,事业是不是顺利,朋友是不是多,都取决于他与人沟通的能力,更取决于他与自己的价值观、梦想沟通的能力。

第三,觉察和管理自己情绪的能力。一个能管住自己情绪的人,就相当于是一个可以统率千军万马的将军。

第四,觉察和管理他人情绪的能力。

其实每个人的情商大多是在孩童时期与父母的互动中以及周边环境因素的影响下形成的。我们拿上面提到的第三点做个例子。科学家做过一个很长期的调研,发现上一代的语言、情绪的模式往往会传到下一代身上。下一代遇到同样的情景的时候,会以与上一代类似的模式处理问题,并且相似度能够达到80%。

> 有一次训练营里面有一个孩子在吃饭的时候突然暴怒,把自己的碗给砸了,我就问她:"你这个砸碗行为是第一次吗?"她说:"不是的,在家里生气的时候也会

砸。"我说:"那你爸爸妈妈吵架的时候也砸碗吗?"她说:"是呀,我妈妈每一次吵架都会砸家里的锅碗瓢盆。"我听完之后,马上和她的父母联系,落实实际情况是否如此。她的爸爸说她的妈妈也是这样,每一次生气要么摔碗,要么摔盆,要么就是回娘家。我心里在想,这个女孩将来有了自己的丈夫,一生气也这么干,这个日子到底该怎么过?

各位家长,我举这个例子,不是让大家担心的,因为性格形成的源头是观念,而我们一旦改变了自己的观念,那自然就会改变行为,进而养成新的习惯,习惯又会塑造性格。而改变观念的唯一方式就是学习,所以通过学习,就能改变性格。

每个人出生时都是一张白纸,所有的行为都是在潜移默化的成长过程中学来的,所有的习惯都是通过不断重复的行为养成的。既然是这样,我们就可以在处理未来发生的所有事件时,选择用正确的方法,培养自己拥有良好情绪的习惯,促使自己转变性格。

亲爱的家长,不管现在你是什么样的性格,拥有什么样的习性,都不重要,重要的是,你是否愿意做一个决定,决定为了你的家庭，为了你的孩子，为了你的人生，从现在开始学习，开始改变，开始行动。如果现在你还坚持认为性格是不可以改变的，那我只能说你是一个不愿意改变、把不可以改变作为借口，从而逃避自己心灵成长、对孩子不负责任的家长。

39 只要是早恋就应该扼杀吗

当孩子进入青春期，早恋就成为家长最担心的问题。家长害怕孩子因此耽误了学业，害怕他们做出不该做的事情，更害怕他们受到感情上的伤害。于是，有些家长一旦发现孩子有早恋的苗头，往往会做出过激行为。

这样做很容易让孩子走向两种极端。一是孩子在逆反心理的作用下，为了证明自己有主见，为了维护尊严，真的陷入早恋的泥潭无法自拔，结果荒废了学业，甚至过早地发生性行为。二是对社交产生恐惧心理，不愿与人交往，继而在情绪、睡眠等方面出现问题，导致学习成绩大幅度下滑。如果没有得到及时干预，他们甚至会出现精神疾病。

> 小玮活泼开朗，和男孩的交往较多。在一次家长会上，老师向小玮的妈妈反映小玮与某男生的交往比较频繁，希望家长注意孩子的早恋倾向。回到家后，她妈妈对她大声训斥，根本不听她的解释。事后，小玮委屈得大哭一场，几乎一夜没睡。第二天，由于精神状态不好，小玮又被老师批评了一番。从此，原本活泼的小玮变得越来越沉闷，学习成绩也出现了大幅度下滑。她的妈妈感到事态严重，在开导无果的情况下，只好带着小玮走进了心理咨询门诊。

小玮的遭遇在中学生中很普遍。老师一旦发现孩子有早恋倾向，本着对孩子负责的态度，他们通常会告知家长，以避免事态进一步扩大。而家长由于对青春期孩子的心理特点和心理需求缺乏了解，加上"望子成龙""望女成凤"的心理，只要知道孩子和异性交往，他们往往如临大敌，轻则旁敲侧击，讲"早恋"的危害，重则不分青红皂白地大加训斥。

其实平心而论，家长中的许多人也都经历过早恋，也体验过那种懵懵懂懂的情愫。因此，对于早恋问题，家长一定要理性面对，以平常心处之，不能夸大它危害的严重性，不要伤害孩子纯真的感情，当然，也不可小视它可能给孩子的成长带来的不利影响。

家长要明白：当孩子进入青春期后，会自然而然地对异性产生更多的好奇，从而产生与异性交往的冲动。面对这种情况，家长坚决不能利用自己的权威强行解决。原因有三个：

一是会加剧家长与孩子之间的矛盾，导致双方难以沟通。而对于个性较强、辨别是非能力较差又易冲动的孩子来说，在重压之下，他们难保不会采用过激行为予以反击。

二是治标不能治本。家长不可能一天24小时与孩子形影不离。只要孩子自己有早恋的想法，他们随时随地都可能早恋。

三是对孩子的成长不利。在短期内，孩子会出现情绪低落；从长期看，青春期的情感压抑极易在孩子心里留下挥之不去的阴影，他的爱情观可能会因此扭曲，会极大地影响成年后的恋爱、婚姻生活。

其实，早恋宜疏不宜堵，家长不要过分焦虑，而应该理性看待，要把握孩子的情感发展轨迹，要知道孩子处在早恋的哪个阶段，这样才能给予孩子有针对性的帮助。

一般而言，早恋的发展有四个阶段：

第一个阶段是朦胧期。女孩在9～11岁、男孩在10～12岁时进入朦胧期。此时孩子的性器官尚未发育成熟，但已经能确认自己的性别角色，对性别差异敏感。在这一阶段，男孩、女孩单独在一起时会感到拘束、害羞，往往会采取疏远和躲避的态度。

第二个阶段是爱慕期。这一阶段出现在女孩的 11～13 岁，男孩的 12～14 岁。在这一阶段，男孩、女孩互相观察、欣赏的兴趣会大大增加。他们会注意异性的谈话、表情、动作，开始注意自己的服饰、举止，想给异性留下好印象。对于异性之间的接触，他们往往会不自觉地浮想联翩，并觉得与异性相处很有意思。但是，这种好感是泛泛的，没有具体的对象。

第三阶段是初恋期。女孩在 13～15 岁，男孩在 14～16 岁时，性器官已经发育成熟，对性的关注明显增加。他们会在年龄相近的异性中发现自己较喜爱的对象（往往多于一个），并会给予特别的注意与关心，寄予特别的期待。在感情上，这个阶段的孩子希望与异性多接触、多交往，而理智上却有种种顾虑。在这一阶段，孩子会更加在意自己的外貌，热衷于打扮。

第四阶段是钟情期。钟情，就是很专一地倾慕、爱恋某个异性。这个阶段往往出现在孩子上高中的时候，但男孩比女孩要一晚些。此时，男孩、女孩一旦倾心相爱，往往会不顾一切，甚至达到痴情的地步。一旦恋情受挫，孩子又会意志消沉，产生厌世心理，有的还有可能走上放纵自己或者轻生的道路。

针对不同的阶段，有不同的应对方法。

处在朦胧期的孩子，异性同学一起结伴远足，或者逛几次街，都属于正常的异性交往，离恋爱还差得远。家长不能"草木皆兵"，动不动就把孩子与异性的正常交往说成恋爱，结果反而使孩子之间生出同病相怜、患难与共的情感，结果假戏真做。所以，家长对孩子的行为不用太紧张、太敏感。

在这一阶段，家长要引导孩子正视自己的性别角色，教育孩子在与异性的交往中要克服拘束、害羞心理，表现要大方，态度要诚恳。此外，家长要注意与异性孩子保持适当的距离，父亲对女儿、母亲对儿子不要过分亲近。

对于处在爱慕期的孩子，家长要教育孩子尊重异性、尊重自我，引导孩子注意自身的仪表和文明礼貌，要求孩子多关心班集体。

> 小王读初一的时候，喜欢上了班里的一个长得很文静的女孩，有很长一段时间，小王的脑海里总是会不经意地浮现出女孩的笑容。在学校的时候，小王会时刻注意她的一举一动。但小王不敢向她表白，只是默默地将心事写在了日记本里。
>
> 小王的变化没有逃过父母的眼睛。凭借直觉，父母猜到了他的心事，于是父母在吃饭的时候会"无意"回忆他们年轻时的恋爱故事，或者在说起某邻居的孩子因为早恋遭到家长的反对而负气出走时，对其家长的做法表示惋

惜。小王起初只是听，并不回应，但他渐渐发现自己的父母对早恋问题并不像有些小说、电视剧里描述的父母那样极端，反而抱着理解的态度。而小王也特别想把心中的这份感情与人倾诉一番。所以，有一天，小王将心中的秘密告诉了父母。果然，他们并没有批评小王。爸爸还语重心长地对他说："儿子，你已经长大了，你的事还要自己来决定，我们不干涉。"随后，爸爸还问了那女孩的情况，并对他说："如果你真的喜欢她，就不要急于向她表白，而是应该把这份感情暂时放在心底，等你中学毕业时再告诉她。"当父母听说那个女孩英语特别好的时候，还打趣他："那可糟了，你的英语可不怎么样啊，以后她要是去国外念书，那你可就配不上人家了啊。"说者无心，听者有意，从此小王对英语的兴趣猛增，很快就取得了很大的进步。

后来，小王和那个女孩考入了不同的高中。虽然小王最终没有将自己的心思告诉那个女孩，但是，每当他想起这段不成熟的情感时，心里总是充满了甜蜜。小王在他的日记中写道：我要感谢父母，没有他们的开明政策，也许我不仅不会拥有这份美好的回忆，还有可能长时间地生活在情感的阴影里。

由于这一时期正是孩子的性机能渐渐成熟的时候，家长还要配合学校对孩子进行科学的性教育，认认真真、大大方方地给孩子讲解与性有关的知识，教导孩子正确对待身体发育，避免孩子因无知对性产生盲目的紧张和好奇。

对于处在初恋期的孩子，家长要教育引导孩子多参与群体活动，减少孩子与异性同学单独接触的机会，尤其是不要让孩子跟某一个异性同学有过多的单独接触，以免孩子萌发恋情，影响学业和全面发展。

下面这段文字来自一位学员的亲身经历。

> 在女儿上初二的时候，我发现她开始注重打扮，而且一到晚上就有电话打进来。每次，她总是以最快的速度冲出卧室，抢着接电话。有几次电话是我接的。对方是一个男孩，自称是女儿的同班同学。当时我的第一反应是，女儿可能早恋了。
>
> 对于女儿早恋，我不是不担心，但一想到女儿脾气比较犟，如果我直接干涉，反而会引起她的反感。现在她虽然没有对我明说，但似乎也并没有想故意瞒着我。如果我阻止她和那个男孩来往，她很有可能将恋情由地上转入地下，那么我就无法了解他们到底发展到了什么地步。

于是，我没有禁止女儿和那个男孩通电话，有时还半开玩笑地说："什么同学呀，这么要好，成天在学校里见，怎么还有这么多话要到晚上说啊？"女儿听了，总是笑而不答。但是，恋情还是影响了她的学习，因为晚上的电话使她常常无法安心做功课。有时她会一个人坐在桌前发呆，有时又会一个劲儿地傻笑。我想我必须采取一些行动了：我暗中通过女儿的班主任，与那个男孩的父母取得了联系，制订了一套"和平演变"计划。很快，晚上找女儿的电话没了。

在很长一段时间里，女儿的情绪一直很低落，做任何事都是一副无精打采的样子。我依然装作毫不知情，只是在生活上更加关心她，给她做她爱吃的东西。周末常常拉着她去逛街、逛公园，以此排解她心中的惆怅。在不知不觉中，女儿很快就恢复了往日的风采，重新振作起来。

对于处在钟情期的孩子，家长要教育孩子树立高尚的人生目标，做有远大抱负的青年人，家长要告诉孩子"战胜自己，超越自己"是成人、成才的关键，为此，孩子必须全身心地投入学习和集体生活，用意志力克服与异性深入交往的感情需要。此外，家长还要正面严肃地对孩子进行婚恋观的教育，排除不正确思想意识的干扰。

40 怎样帮助孩子戒掉网瘾

要想解决孩子的网络游戏成瘾问题，首先要搞清楚孩子为什么会陷入网络游戏无法自拔。之所以这么做，不是为了给孩子的错误找借口，也不是主张对孩子放任不管，而是为了让家长以客观的视角、平和的心态看待孩子的问题。

总的来说，孩子染上网瘾有三个原因：一是网络游戏吸引力大、好玩，让孩子体会到了现实生活中不可能体会到的乐趣；二是网络游戏不受天气、空间、场地、人员的限制，容易上手；三是家长大多忙于工作，陪伴孩子的时间太少，有的家长甚至因为自己没办法陪伴孩子，又怕孩子出去惹祸，就放任孩子沉迷于网络游戏。

找到了孩子网络游戏成瘾的原因，就能有的放矢地找到解决办法。以下五种方法被事实证明是极有效果的。

第一，换位思考，耐心引导。

虽然网络游戏有那么多的坏处，但要让沉迷其中的孩子完全放弃也是不现实的。

首先，爱玩是孩子的天性，只要孩子没有达到玩物丧志的地步，家长就不应该完全拒绝孩子的要求。

其次，现在的孩子能玩的东西并不多，因为很多游戏都需要现实条件做支持，而网络游戏不需要那么多的硬件。而且，每个孩子都希望经常玩自己喜欢玩的游戏，这样他会比较快乐。所以，耐心引导孩子正确利用网络才是首选。

下面的文字来自一位父亲写给我的信。在信中，这位父亲介绍了他是怎么成功地帮助儿子戒掉网瘾的。

> 有一段时间，上中学的儿子迷上了网络游戏，他像吸毒的人迷上毒品一样，在游戏的世界里无法自拔。
>
> 我和儿子因为这件事时常产生冲突，打他成了家常便饭。为了防止儿子去网吧玩游戏，每天在他放学时，我就守候在校门口，把儿子"押送"回家。
>
> 可是儿子并没有就此收敛，他总是千方百计地找机会去玩游戏。当我们之间的猫鼠游戏发展到了极点，儿子选

择了离家出走。慢慢地，儿子离家出走的频率越来越高。记得有一次下大雨，在我们俩又大吵一场后，儿子再一次冲出家门。我顶风冒雨地去他常去的几家网吧，一家一家地找，累得筋疲力尽，还没找到他。我靠着墙，望着灰蒙蒙的天空，任由连绵不断的雨水打在我的脸上，无尽的愁绪涌上了我的心头。我近乎绝望地长叹一声，感慨万千地说："世上要是有后悔药就好了。早知道孩子这样，说什么我也不会要他……"

随后，我望着向低处流的雨水很久，脑子突然开了窍：要想解决儿子沉迷网络游戏的问题，犹如治水，只有疏不能堵。

于是我开始思考儿子为什么会迷恋网络游戏。我承认游戏也不是一无是处。因为玩家每过一关，游戏都能对玩家提供精神或"物质"奖励，所以玩家很容易在游戏中找到成就感。我决定把游戏问题放到一边，先改善我和儿子的关系。

之后有一天，我发现儿子心情很烦躁，一直坐立不安。于是我对他说："是不是想打游戏了？今天爸爸和你一起去打游戏，好不好？"儿子虽然一脸不相信的样子，但还是点了点头，同意了。

我和儿子玩了一上午游戏。在回家的路上，儿子跟我有话说了，于是我趁机跟他深谈了一次。我对他保证：再也不会因为打游戏而打他。儿子也同意完成作业之后再打游戏。从此，我们都严格遵守约定，父子之间的隔阂渐渐地消失了。

儿子中考后，我经过深思熟虑，做了一个大胆的决定：为儿子买一台电脑。我对他说："儿子，爸爸相信你可以安排好自己的时间，所以我决定给你买一台电脑。"听了我的话，儿子一脸惊喜地对我说："爸爸，既然你够意思，我也要够朋友。"

儿子说到做到。高中他住校，只有周末回家。每次回家后，我心疼儿子学习太辛苦，告诉他可以先玩一会儿游戏放松一下，儿子却说："再看一会儿书，因为老师讲的一个问题我还没有搞懂。"我听了以后，真不敢相信眼前的他就是一年前"宁死不屈"的网瘾儿子啊！

当意识到儿子不再迷恋网络游戏时，我对他说："儿子，你现在玩的都是别人设计好的游戏，将来你要是能设计游戏给别人玩，岂不更有意思？"儿子一听，深以为然，立马表示上大学一定要考计算机专业。

最让我这个做父亲的感到欣慰的是，儿子懂事了，懂得关心体贴我和他妈妈了，心里话也愿意跟我们讲了。从此，笑容又回到了儿子和我的脸上。

有一次我和儿子聊天，聊到他初中离家出走的事，他对我说："其实当时我根本不愿意离家出走，因为外面没有家庭温暖。但是，在家里没有人真正理解我，心里有话也找不到人诉说，所以我觉得非常痛苦。"

2005年，儿子顺利地考上了某重点大学的计算机专业。

电脑不仅可以用来打游戏，还可以用来读书、听音乐、绘画、交友、编程。这些对孩子的成长都是有好处的。比如，当孩子在网上阅读了一本好书，观看了一部精彩的电影，不仅他的身心得到了愉悦，品位也会得到提高。同样，当孩子玩网络游戏时，他需要克服一定的困难才能取得高分，也能锻炼意志。

让孩子接触网络游戏是有益处的。家长在看待这个问题时一定要理性，不要一提网络游戏，立刻就如碰到洪水猛兽一般。一味地"堵"是起不到效果的，一定要采用"堵"和"疏"相结合的方式，才能收到较好的效果。

为了更好地与孩子打成一片，家长还需要保持开放、学习的心态，不断吸收最新的电脑知识、网络资讯。这样做有两个好处：一是可以在不引起孩子反感的情况下，引导孩子正确地使用网络；二是家长以此和孩子有了共同语言，比如一起观看电影，一起玩竞技类游戏，从而拉近双方的心理距离。

第二，多陪伴、关心孩子。

沉迷网络游戏的孩子有一个共同特点，那就是家长都比较忙，很少有时间和孩子一起聊天、做游戏。所以，要把沉迷网络游戏的孩子解救出来，家长就需要与网络游戏抢时间。

首先，家长要改善孩子与现实世界的关系，不仅自己要抽空多陪陪孩子，还要发动身边的人多关心爱护孩子，从而慢慢地唤起孩子对现实生活的兴趣。

其次，家长要做孩子的朋友，了解孩子的喜怒哀乐，允许孩子犯错误，并给孩子改正的时间和空间。家长要明白：孩子犯错误是很正常的，因为他过去沉迷网络，在做人做事上有很多功课需要补。只有家长足够宽容，孩子才能感受到家长是真的特别爱自己，从而对家庭产生归属感和安全感。

很多孩子之所以沉迷网络游戏，是因为他在现实世界中找不到自我价值，但他能在网络游戏里找到自我价值。在那里，虽然他也会遇到失败，也会遇到挫折，但是，游戏会给他再来一次的机会。这使他相信，只要努力，他一定能够取得胜利。

每次为孩子们上"网瘾与青少年身心健康的规划"课程的时候,我都会问他们:"学习难不难?"孩子们会异口同声地说:"难。"我又问:"玩游戏难吗?"孩子们总是说:"不难。"我说:"你们喜欢学习,还是喜欢玩游戏?"99%的孩子都会说:"我喜欢玩游戏。"

绝大多数孩子之所以喜欢玩游戏而不喜欢学习,是因为玩游戏时虽然也会遇到失败,但没有人在旁边指责他,不会拿他和别人比,所以他的内心世界只会想一个问题,就是下次怎么做才会赢。而当孩子在学习上出了岔子,往往会遭遇来自外界的各种批评,这使得孩子认为学习是一件痛苦的事。人的本性是追求快乐、逃避痛苦的。当孩子在学习上感到压力太大的时候,他就会本能地逃到网络游戏的虚拟世界中寻找快乐。

家长应该明白:游戏和学习不是天然对立的,学习对孩子而言,其实就是一个

> 家长应该明白:游戏和学习不是天然对立的,学习对孩子而言,其实就是一个帮助孩子成长的游戏而已。

帮助孩子成长的游戏而已。所以希望家长在陪伴孩子的过程中，能够多鼓励孩子、欣赏孩子，让孩子能够在生活中、学习中找到自我价值。

习惯不可能消失，只会被另一个习惯替代。要想让孩子养成热爱学习的习惯，就需要让孩子在建立新习惯的过程中找到快乐、建立自信、实现价值。当学习变成孩子最喜欢做的事，他就没有那么多的时间和兴趣玩网络游戏了。

第三，让孩子动起来。

要想把孩子从网络游戏中夺过来，一个非常重要的方法，就是让孩子动起来，让他的运动细胞活跃起来，使他积极主动地投入到体育锻炼中。

第四，让孩子多接触大自然。

很多孩子之所以沉迷网络，是因为跟大自然的接触太少，跟其他人的接触太少。他们吸收不到大自然的精华，感受不到自己对于社会的意义，不懂得如何与他人交往，所以，他们和别人交流时总是充满自卑和胆怯。当他们发现和人交往太累了、太烦了，远不如在网络世界里活动自如时，他们就会退到虚拟世界里寻找自我。

所以，家长要多带孩子接触大自然，让他看一看日出日落、风起云涌，看一看百花争奇斗艳，听一听百鸟放声歌唱。当孩子在大自然的怀抱里释放了心情，舒展了筋骨，再次感受到了现实世界的美好时，他才会主动积极地增加与外界交往的次数。

第五，帮助孩子在现实中找到成就感。

沉迷网络游戏的孩子往往在现实世界中是失败者。当孩子在学校里总是受到批评，没有朋友，在家里也很少得到爸爸妈妈的表扬，他得到的全是负面评价时，他就会消极地认为"我不行""我不能""我没有别人好"，以至于自尊心、责任心越来越差，最后自暴自弃，投入网络世界的怀抱。

当孩子处于这种状态时，家长最好先不要把重点放在孩子的学习上，而要帮助孩子发展其他方面的兴趣，比如唱歌、绘画等。在发展兴趣的过程中，家长要为孩子创造条件，多鼓励、表扬孩子，帮助他在这些方面取得一次又一次的进步，让他找到成就感。

如果孩子表示自己除了游戏对其他东西都不感兴趣，家长也可以带孩子出去游玩，并在游玩过程中对孩子进行引导。比如，在爬山的过程中，你可以以自己累了为由，让孩子扶着你走。这会让他明白，你非常需要他，从而让他认识到自己对于别人是非常重要的。过马路的时候，你可以闭上眼睛，让孩子拉着你的手，带你过马路。他会为了你的安全，注意马路上来往的汽车。在此过程中，他不知不觉地担起了守护你的责任。在过了马路后，你可以告诉他："等到我老了，生活不能自理时，很多事情都必须由你来完成，肯定要比帮我过马路难度更大。但这些是你不可推卸的责任。"

之所以要做这些，是为了让孩子感受到现实世界并没有抛弃他，他完全可以在现实世界里做出成绩。当孩子在现实世界找到成功的感觉后，他就会逐步把注意力从虚拟世界转移到现实世界。